॥ श्री ॥

भक्ति-भारती

रचयिता

सारस्वत कवि

आचार्य विभवसागर

भारतीय ज्ञानपीठ

मूर्तिदेवी ग्रन्थमाला : हिन्दी ग्रन्थांक 74

ISBN 978-93-87919-17-4

कृति	:	भक्ति-भारती
रचयिता	:	महाव्रती महाकवि आचार्य विभवसागर मुनिराज
शुभाशीष	:	आचार्य श्री विरागसागरजी महाराज
संकलन	:	परम पूज्य आर्यिका ओम्श्री माताजी पू.क्षु. सिद्धश्री माताजी अरुण जैन पाटन, टीकमगढ़ बा.ब्र. सविता दीदी
प्रसंग	:	महामस्तकाभिषेक
मूल्य	:	400 रुपये
प्रथम संस्करण	:	2018
मुद्रक	:	बी.के. ऑफसेट, दिल्ली-32
प्रकाशक	:	भारतीय ज्ञानपीठ 18, इन्स्टीट्यूशनल एरिया, लोदी रोड, नयी दिल्ली-110 003 Ph. : 011-24698417, 24626467 23241619 (Daryaganj) e-mail : bjnanpith@gmail.com, sales@jnanpith.net

परम पूज्य गणाचार्य श्री विरागसागर जी महाराज

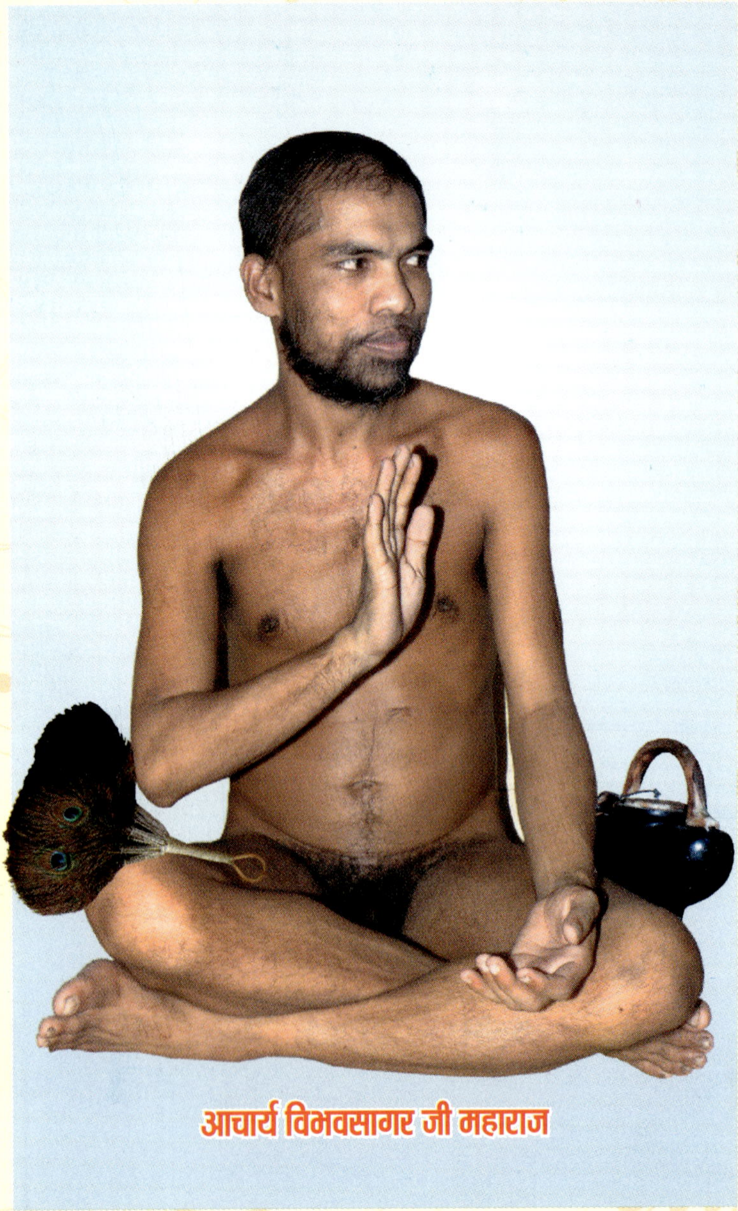

आचार्य विभवसागर जी महाराज

आचार्य विभवसागर जी महाराज के संघस्थ दीक्षित-साधुगण

क्र.		दीक्षा तिथि
	श्रमण विभास्वरसागर जी महाराज	गुरु-आचार्य विरागसागर जी
1.	श्रमण आचरणसागर जी महाराज	10.02.2011, हटा (म.प्र.)
2.	श्रमण अध्ययनसागर जी महाराज	04.12.2014, सागर (म.प्र.)
3.	श्रमण आवश्यकसागर जी महाराज	04.12.2014, सागर (म.प्र.)
4.	श्रमण अध्यापनसागर जी महाराज	04.12.2014, सागर (म.प्र.)
5.	श्रमण अर्हंतसागर जी महाराज	04.12.2014, सागर (म.प्र.)
6.	श्रमण आचारसागर जी महाराज	04.12.2014, सागर (म.प्र.)
7.	श्रमण शुद्धात्मसागर जी महाराज	16.02.2018, श्रवणबेलगोला (कर्नाटक)
8.	श्रमण सिद्धात्मसागर जी महाराज	16.02.2018, श्रवणबेलगोला (कर्नाटक)
9.	श्रमणी अर्हंश्री माताजी	14.04.2016, शिखरजी (झारखण्ड)
10.	श्रमणी ओम् श्री माताजी	14.04.2016, शिखरजी (झारखण्ड)
11.	श्रमणी समिति श्री माताजी	16.02.2018, श्रवणबेलगोला (कर्नाटक)
12.	श्रमणी संस्कृत श्री माताजी	16.02.2018, श्रवणबेलगोला (कर्नाटक)
13.	श्रमणी संस्कृति श्री माताजी	16.02.2018, श्रवणबेलगोला (कर्नाटक)
14.	क्षुल्लिका ह्रीं श्री माताजी	18.11.2015, भिलाई (छ.ग.)
15.	क्षुल्लिका आराधना श्री माताजी	17.01.2016, राजिम (छ.ग.)
16.	क्षुल्लिका सिद्ध श्री माताजी	16.11.2016, जैतहरी (म.प्र.)
17.	क्षुल्लिका संस्तुति श्री माताजी	16.02.2018, श्रवणबेलगोला (कर्नाटक)

समाधिस्थ साधुगण

क्र.		समाधि तिथि
1.	श्रमण अध्यात्म सागर जी	2015, दुर्ग (छ.ग.)
2.	श्रमण अनशन सागर जी	2017, शिरड, शहापुर (महा.)
3.	श्रमण समाधिसागर जी महाराज	2018, मुम्बई (महा.)
4.	श्रमणी विनिर्मला श्री माताजी	2007, नागपुर (महा.)
5.	श्रमणी प्राज्ञा श्री माताजी	2018, बगरोही (म.प्र.)
6.	क्षुल्लिका विदेह श्री माताजी	2001, कोतमा (म.प्र.)
7.	क्षुल्लिका अनुकम्पा श्री माताजी	2011, सागर (म.प्र.)
8.	क्षुल्लिका अर्हद् श्री माताजी	2014, सागर (म.प्र.)

प्रस्तावना

प्रस्तुत समग्र रचनाएं स्वान्तः सुखाय रची गयीं, किन्तु आज बहुजन हिताय के उद्देश्य से प्रकाशित हो रहीं हैं। कृति आपके मंत्रपूत कर-कमलों में है, अब निर्णय आप पर निर्भर है, आप इस 'भक्तिभारती' से कितनी कर्म निर्जरा करते हैं? कितना आनंद ले कर पढ़ते हैं? पर इतना अवश्य कहा जा सकता है, आप कोई भी काव्य जितनी बार पढ़ेंगे, उतना आनंद मिलेगा, जितना आनंद मिलेगा उतनी ही कर्म निर्जरा होगी। जितनी कर्म निर्जरा होगी उतनी ही शीघ्र मुक्ति प्राप्त होगी, सूक्ति सिद्ध होगी, 'भक्ति मुक्ति दायिनी'।

प्रस्तुत कृति भक्ति भारती में देवशास्त्र गुरु की आराधना में निःसृत बारहवर्षीय भक्ति रचनाओं का अभूतपूर्व संकलन है। यदि दर्शन विशुद्धि के साथ इन भक्ति रचनाओं को पढ़ा जाये तो यह बोधि समाधि परिणाम शुद्धि तथा स्वात्मोपलब्धि के साथ-साथ तीर्थङ्कर प्रकृति बंधनी होगी। "यह रचना मेरे शुभ भावों को रचने के लिए है।" इस परम मंगल भावना को हृदय में प्रतिष्ठित कर प्रत्येक रचनाएँ पूजा की तरह प्रतिदिन अनेक बार पढ़ें।

परम पूज्य गणाचार्य गुरुदेव विरागसागरजी महाराज का वरद हस्तावलंबन इन रचनाओं में वरदान सिद्ध हुआ। अतएव गुरुभक्ति पूर्वक गुरुपाद पद्मों में कोटिशः नमोऽस्तु......।

शुभं भूयात्

वीर.नि.सं. 2537 सारस्वत कवि

06.11.2011 श्रमणाचार्य विभवसागर

मंगलकलश

परम पूज्य सारस्वत कवि श्रमणाचार्य श्री विभवसागर जी मुनिराज का काव्य कौशल अनुपमेय प्रतिभा को लिए हुए है। इनकी काव्य लिखने की अनोखी कला सभी जीवों को अनुकरणीय व ग्राह्य है, आचार्य श्री द्वारा रचित भक्तियों में, पूजाओं में व कुलभूषण-देशभूषण चरित्र में अनुपम शब्दाबलियों को सँजोया गया है जिनको पढ़कर पाठकों व साधकों का मन-मयूर कमल की तरह खिल उठता है, और रोम-रोम रोमांचित व मन इतना भाव-विभोर हो जाता है कि भक्त भक्ति की इस निर्मल त्रिवेणी में स्वयमेव ही अवगाहन करने लगता है और उस कृतकृत्य दशा का संवेदन करने लगता है।

ये सच्चे देव-शास्त्र गुरु की निस्वार्थ भक्तियाँ परंपरा से मोक्ष का कारण हैं। आचार्य श्री द्वारा रचित समाधि भक्ति की लोकप्रियता इतना अधिक बढ़ चुकी है कि कई श्रावक व श्रमण स्वमेव ही इसका प्रकाशन अपने साहित्यों में व उत्सवों एवं श्रद्धांजलि समारोहों में इसको प्रकाशित करवाकर इसका वितरण करते हैं। आचार्य श्री की काव्य शैली में सम्यक् शब्दों का चयन इतनी अधिक रोचकता, मनभावनता, सरलता, सुबोधता एवं सुगम्यता को लिए हुए है कि पाठक एक बार पठन करने के बाद भी तृप्त न होता हुआ बार-बार पाठ करने को लालायित रहता है।

प्राचीन जिनप्रतिमाओं की वीतरागी छवि व निर्विकार मुद्रा को देखकर आचार्य श्री के कंठ से स्वयमेव ही ये भक्तियाँ निःसृत हो गयी हैं। चारों अनुयोगों का सारतत्त्व इन रचनाओं में स्पष्ट रूप से प्रतिपादित होता है। इन भक्तियों को भक्ति पूर्वक करने से असंख्यात गुनी कर्मों की निर्जरा होती है। एवं भावों का शुद्धीकरण, निर्मलीकरण एवं विशुद्धि में वृद्धि स्वतः हो जाती है।

– श्रमण आचरणसागर

विषय-सूची

भक्ति खण्ड

पूजन खण्ड

भजन-आरती खण्ड

सिद्ध भक्ति

सिद्ध वंदना करके स्वामी! सिद्धालय पाऊँ।
णमो णमो श्री सिद्धाणं पद, पल-पल मैं गाऊँ।।

सिद्धालय में आप विराजे, सिद्धिप्रिया स्वामी।
सर्व सिद्धियाँ देने वाले, सादर प्रणमामि।।
दो अक्षर का महामंत्र यह, सिद्ध-सिद्ध ध्याऊँ।।
णमो णमो श्री सिद्धाणं पद, पल-पल मैं गाऊँ।।1।।

पुनर्जन्म ना जिनका होगा, ना अवतार कभी।
उन सिद्धों को नमस्कार हो, शत्-शत्वार अभी।।
नित्य निरंजन निराकारमय, निज स्वरूप भाऊँ।।
णमो णमो श्री सिद्धाणं पद, पल-पल मैं गाऊँ।।2।।

सम्यग्दर्शन ज्ञान सिद्ध को, चारित सिद्धों को।
तप सिद्धों को, नय सिद्धों को, संयम सिद्धों को।।
जिन भावों से सिद्ध हुए हैं, वही भाव भाऊँ।
णमो णमो श्री सिद्धाणं पद, पल-पल मैं गाऊँ।।3।।

जल सिद्धों को थल सिद्धों को, सागर सिद्धों को।
नभ सिद्धों को नग सिद्धों को, सरवर सिद्धों को।।
गुफा, कन्दरा तरुवर तल के, सिद्धों को ध्याऊँ।
णमो णमो श्री सिद्धाणं पद पल-पल मैं गाऊँ।।4।।

जब-जब जो-जो जहाँ-जहाँ से, जितने सिद्ध हुए।
द्रव्य क्षेत्र से काल भाव से, जैसे सिद्ध हुए।।
उन सिद्धों को सुमर-सुमर मैं, सु-मरण मैं पाऊँ।
णमो णमो श्री सिद्धाणं पद, पल-पल मैं गाऊँ।।5।।

सिद्धक्षेत्र सम्मेद शिखर से, औ चंपापुर से।
अष्टापद गिरनार शिखर से, औ पावापुर से।।
सिद्ध भूमियों के सिद्धों को, शीष झुका आऊँ।
णमो णमो श्री सिद्धाणं पद, पल-पल मैं गाऊँ।।6।।

राग नहीं है द्वेष नहीं है, मोह नहीं जिनको।
रोग-शोक, दुख-दर्द नहीं है, लोभ नहीं जिनको।।
जन्म जरा वा मरण न जिनको, मैं उनको ध्याऊँ।
णमो णमो श्री सिद्धाणं पद, पल-पल मैं गाऊँ।।7।।

मैं असिद्ध हूँ आप सिद्ध हो, सिद्ध बनूँ स्वामी।
मैं अशुद्ध हूँ आप शुद्ध हो, शुद्ध बनूँ स्वामी।।
आत्म शुद्धता देने वाले, सिद्धों को ध्याऊँ।
णमो णमो श्री सिद्धाणं पद, पल-पल मैं गाऊँ।।8।।

नाथ आपका भूतकाल मैं, तुम भविष्य मेरे।
वर्तमान यह वर्द्धमान हो, गुण गाऊँ तेरे।।
परम ज्योति परमात्म प्रकाशक, परम तत्त्व पाऊँ।
णमो णमो श्री सिद्धाणं पद, पल-पल मैं गाऊँ।।9।।

निराकार, निर्मल, निर्मोही, निर्मद, निर्लोभी।
निष्कलंक, निःशल्य, निरायुध, निर्भय, निष्क्रोधी।।
निष्कामी, निर्ग्रन्थ, आपके, विविध नाम गाऊँ।।
णमो णमो श्री सिद्धाणं पद, पल-पल मैं गाऊँ।।10।।

कर्म बन्ध के सभी कारणों, का-अभाव करके।
मोक्ष महापद पाया तुमने, सभी कर्म हरके।।
जो पद तुमने पाया भगवन्! वह पद मैं पाऊँ।
णमो णमो श्री सिद्धाणं पद, पल-पल मैं गाऊँ।।11।।

निवाई - 2013

▣

चैत्यभक्ति

चैत्य वंदना करता प्रभुवर, चैत्यालय आके
चित्त प्रफुल्लित हुआ हमारा, जिनदर्शन पाके।

दर्शन का फल सम्यग्दर्शन, गौतम ने पाया।
वैसा सम्यग्दर्शन पाने, जिनमंदिर आया॥
मेरा जीवन धन्य हुआ है, संस्तुतियाँ गाके।
चित्त प्रफुल्लित हुआ हमारा, जिन दर्शन पाके॥
चैत्य वंदना ....॥ 1॥

जिन चैत्यालय चित्त हमारा, चैत्य बना देता।
चिन्मय चेतन चिदानंद कृत-कृत्य बना देता॥
चैत्यालय ही सिद्धालय का, शिव पथ दरशाके।
चित्त प्रफुल्लित हुआ हमारा, जिन दर्शन पाके॥
चैत्य वंदना ....॥ 2॥

अहो जिनालय! अहो जिनेश्वर! जिन प्रतिमा प्यारी।
जिन मंदिर में श्री जिनवर की, महिमा है न्यारी॥
समवसरण का दर्शन पाया, आज यहाँ आके।
चित्त प्रफुल्लित हुआ हमारा, जिन दर्शन पाके॥
चैत्य वंदना ....॥ 3॥

तीन लोक में जहाँ-जहाँ जो, जो जिन आलय हैं।
नव्य जिनालय भव्य जिनालय,दिव्य जिनालय हैं॥
उन सबकी मैं करूँ वंदना, वहाँ-वहाँ जाके।
चित्त प्रफुल्लित हुआ हमारा, जिन दर्शन पाके॥
चैत्य वंदना ....॥ 4॥

जिनदर्शन में ही निजदर्शन, प्रभु मैंने पाया।
निज दर्शन में ही जिनदर्शन, प्रभु मुझको भाया॥
स्व स्वरूप का ध्यान हुआ है, प्रभु तुमको ध्याके।
चित्त प्रफुल्लित हुआ हमारा, जिन दर्शन पाके॥
चैत्य वंदना ....॥ 5॥

तीर्थराज सम्मेद शिखर जी, श्री गिरनारी की।
चम्पा पावा अवधपुरी, कैलाश-पहारी की॥
बार-बार मैं करूँ वंदना, भक्ति भाव लाके।
चित्त प्रफुल्लित हुआ हमारा, जिन दर्शन पाके॥
चैत्य वंदना ....॥ 6॥

तुम ही कामधेनु चिन्तामणि, तुम कल्पद्रुम हो।
तुम ही औषधि महामंत्र हो, तुम्हीं रसायन हो॥
तुम ही मेरी श्वास-श्वास में, समा गये आके।
चित्त प्रफुल्लित हुआ हमारा, जिन दर्शन पाके॥
चैत्य वंदना ....॥ 7॥

शुद्ध बुद्ध हो परम सिद्ध हो, जिन परमातम हो।
ज्ञाता दृष्टा अरस अरूपी, तुम शुद्धातम हो॥
जो तुम हो वह मैं हूँ भगवन्! निश्चयनय लाके।
चित्त प्रफुल्लित हुआ हमारा, जिन दर्शन पाके॥
चैत्य वंदना ....॥ 8॥

ऋषभ अजित संभव अभिनंदन, सुमतिनाथ स्वामी।
पद्म सुपारस चन्द्रप्रभ जी, पुष्पदन्त स्वामी॥
शाश्वत शीतलता पा जाऊँ, शीतल गुण गाके।
चित्त प्रफुल्लित हुआ हमारा, जिनदर्शन पाके॥
चैत्य वंदना ....॥ 9॥

श्रेयस वासु, पूज्य विमल जी, हमें विमलता दो।
गुण अनंत दो धर्मनाथ जी, शांति सरलता दो॥
कुन्थु अरह मल्ली पद वन्दूँ, सादर सिर नाके।
चित्त प्रफुल्लित हुआ हमारा, जिन दर्शन पाके॥
चैत्य वदंना ....॥ 10॥

मुनिसुव्रत भगवान हमारे, सुव्रतदान करो।
नमि नेमि जिन नियम धरम दो, अरु कल्याण करो।
पार्श्वनाथ की पद रज पाऊँ, सन्मति गुण गाके।
चित्त प्रफुल्लित हुआ हमारा, जिन दर्शन पाके॥
चैत्य वंदना ....॥ 11॥

पपौरा (म.प्र.) - 2010

पंचगुरु भक्ति

णमोकार के पाँच पदों को, हृदय कमल ध्याऊँ।
पंच परम गुरु को वंदन कर, पंचम गति पाऊँ॥

1.

वीतराग सर्वज्ञ हितैषी, जिनवर उपकारी।
चार घातियाकर्म विनाशक, गुण अनंतधारी॥
जगत् पूज्य अर्हन्तदेव के, चरणों सिर नाऊँ।
णमो-णमो अरिहंताणं पद, पल-पल मैं गाऊँ॥

2.

सिद्धालय में आप विराजे, सिद्धि प्रिया स्वामी।
सर्व-सिद्धियाँ देने वाले, सादर प्रणमामि॥
सिद्ध वंदना करके स्वामी! सिद्धालय पाऊँ।
णमो-णमो श्री सिद्धाणं पद, पल-पल मैं गाऊँ॥

3.

पंचाचार परायण गुरुवर! संयम पथगामी।
संघ चतुर्विध के अधिनायक, श्री गणधर स्वामी॥
परम पूज्य आचार्य देव से, दीक्षा मैं पाऊँ।
णमो-णमो आइरियाणं पद, पल-पल मैं गाऊँ॥

4.

जिनशासन के परम प्रभावक, हैं बहुश्रुत ज्ञानी।
ज्ञानमूर्ति ! हे ज्ञान प्रदाता, जीवित जिनवाणी॥
सब शास्त्रों के हृदय आप हो, आत्म ज्ञान पाऊँ।
णमो-णमो उवज्झायाणं पद, पल-पल मैं गाऊँ॥

5.

ज्ञान ध्यान तप लीन निरन्तर, रत्नत्रयधारी।
महामुनीश्वर सन्त दिगम्बर, मुनिवर हितकारी॥
भूतल के भगवान आपसे, भगवत्ता पाऊँ।
णमो लोए सव्व साहूणं पद, पल-पल मैं गाऊँ॥

णमोकार के पंचपदों को, हृदय कमल ध्याऊँ।
पंच परम गुरु को वंदनकर, पंचम गति पाऊँ॥

शान्ति भक्ति

शान्ति भक्ति करता हूँ भगवन्! परम शान्ति वर दो।
मेरे शान्ति जिनेश्वर मुझमें, आत्म शान्ति भर दो।।

आत्म द्रव्य में शान्ति समायी, क्यों न मिल पायी।
निज चैतन्य! कमल कलिकाएँ, क्यों न खिल पायीं।।
शान्ति प्रभाकर शान्ति प्रभा से, मन विकसित कर दो।
मेरे शान्ति जिनेश्वर मुझमें, आत्म शान्ति भर दो।।1।।

आत्म शान्ति का अन्य उदाहरण, कहीं नहीं पाया।
इसीलिए यह भक्त आपका, यहाँ चला आया।।
शान्ति सुधा बरषाकर भगवन्! विश्व शान्ति कर दो।
मेरे शान्ति जिनेश्वर मुझमें, आत्म शान्ति भर दो।।2।।

जहाँ परिग्रह वहाँ दुख है, शान्ति नहीं होती।
जितनी इच्छा उतना दुख है, शान्ति नहीं होती।।
तृष्णा नदी के पार उतरने, ज्ञान नाव कर दो।
मेरे शान्ति जिनेश्वर मुझमें, आत्म शान्ति भर दो।।3।।

जहाँ धर्म है वहाँ शान्ति है, अन्य कहाँ जाता।
आत्म धर्म ही परम शरण है, जोड़ो निज नाता।।
धर्म नीर के स्रोत प्रकट कर, मंगल घट भर दो।
मेरे शान्ति जिनेश्वर मुझमें, आत्म शान्ति भर दो।।4।।

शान्तिनाथ हस्तिनपुर जन्मे, शान्ति नहीं पायी।
चक्रवर्ति की अखिल सम्पदा, सुख न दे पायी।।
तजी रमायें, रमे हो निज में, आत्म रमा वर दो।
मेरे शान्ति जिनेश्वर मुझमें, आत्म शान्ति भर दो।।5।।

शान्ति भक्ति में चित्त लगाकर, शान्तिनाथ ध्याऊँ।
शान्त भाव निज में प्रकटाकर, आत्म शान्ति पाऊँ।।
दोष कथन में मौन धार लूँ, वाणी संवर हो।
मेरे शान्ति जिनेश्वर मुझमें, आत्म शान्ति भर दो।।6।।

उपादान को सदा सम्हालूँ, शुभ निमित्त जोड़ूँ।
निरतिचार व्रत संयम पालूँ, नहीं नियम तोड़ूँ।।
शुभ कर्मों के नो कर्मों का, अविरल अवसर हो।
मेरे शान्ति जिनेश्वर मुझमें, आत्म शान्ति भर दो।।7।।

सब जीवों पर दया करूँ मैं, पात्र दान सेवा।
निर्मल मन हो, क्षमा भाव हो, मिले शान्ति मेवा।।
शान्तिनाथ भगवान आपका, जाप निरन्तर हो।
मेरे शान्ति जिनेश्वर मुझमें, आत्म शान्ति भर दो।।8।।

▣

नंदीश्वर भक्ति

नंद-नंद आनंद मनाऊँ, नंदीश्वर ध्याऊँ।
सदा अकृत्रिम जिनालयों के, शुभ दर्शन पाऊँ॥
सब द्वीपों में द्वीप निराला, नंदीश्वर जानूँ।
सब पर्वों में पर्व निराला, अष्टाह्निक मानूँ॥
आठों यामों आठ दिनों तक, पूजूँ हरषाऊँ।
सदा अकृत्रिम जिनालयों के, शुभदर्शन पाऊँ॥1॥

प्यारे-प्यारे न्यारे-न्यारे, जिन मंदिर सारे।
नंदीश्वर के महाजिनालय, शिवपुर के द्वारे॥
मैं परोक्ष में वंदन करके, वंदन फल चाहूँ।
सदा अकृत्रिम जिनालयों के, शुभदर्शन पाऊँ॥2॥

इक अंजन गिरि चारों दधिमुख, आठों रतिकर पर।
इस विधि ही प्रत्येक दिशा में, तेरह जिन मंदिर॥
बावन मंदिर के दर्शन कर, पावन हो जाऊँ।
सदा अकृत्रिम जिनालयों के, शुभदर्शन पाऊँ॥3॥

अंजन गिरि अंजन सा काला, दधिमुख दधि जैसा।
रतिकर पर्वत तप्त स्वर्ण सा, आगम में ऐसा॥

पर्वत ऊपर बने जिनालय, कब दर्शन पाऊँ।
सदा अकृत्रिम जिनालयों के, शुभदर्शन पाऊँ।।4।।

उस अंजनगिरि का क्या कहना, कर्मांजन हरता।
उस दधिमुख का क्या वर्णन जो, धवल भाव करता।।
रतिकर गिरि पर श्री जिनवर की, आरतियाँ गाऊँ।
सदा अकृत्रिम जिनालयों के, शुभदर्शन पाऊँ।।5।।

धनुष पाँच सौ ऊँची प्रतिमा, पद्मासन वाली।
अपूर्व प्रतिमायें कहलाती, महा तेजशाली।।
सम्यग्दर्शन रत्न बाँटती, मैं भी ले आऊँ।
सदा अकृत्रिम जिनालयों के, शुभदर्शन पाऊँ।।6।।

ऐसी अद्भुत प्यारी-प्यारी, कितनी प्रतिमाएँ।
छप्पन सौ सोलह प्रतिमाएँ, प्रतिभा प्रकटायें।।
दर्शन, पूजन, वंदन करलूँ, क्या महिमा गाऊँ।
सदा अकृत्रिम जिनालयों के, शुभदर्शन पाऊँ।।7।।

ऐरावत हाथी पर देखो, इन्द्र यहाँ आता।
कर कमलों में दिव्य नारियल, पूजा को लाता।।

भरे हाथ हैं, सभी साथ हैं, यह विधि अपनाऊँ।
सदा अकृत्रिम जिनालयों के, शुभदर्शन पाऊँ॥8॥

अन्य देव गण दिव्य सिंह या, गज घोड़ा लाये।
कोई हंसा, तोता, कोयल, वाहन पर आये॥
मात्र देवगण ही आ सकते, मैं कैसे आऊँ।
सदा अकृत्रिम जिनालयों के, शुभदर्शन पाऊँ॥9॥

खाली हाथों कोई ना आते, कुछ ना कुछ लाते।
कोई सुपारी, कोई केला, इष्ट वस्तु लाते॥
मैं तो जिन चरणों में, केवल-भक्ति भाव लाऊँ।
सदा अकृत्रिम जिनालयों के, शुभदर्शन पाऊँ॥10॥

चतुर्दिशा में चतुर्निकायी, देवों के द्वारा।
नंदीश्वर पूजायें होती, बहा भक्ति धारा॥
जयवंते वे सभी जिनालय, भाव यही भाऊँ।
सदा अकृत्रिम जिनालयों के, शुभदर्शन पाऊँ॥11॥

मात्र देवगण ही जा सकते, हम कैसे जायें।
ज्ञान यान में बैठ-बैठकर, नंदीश्वर आयें॥
भक्ति द्वीप नंदीश्वर आके, सदा भक्ति गाऊँ।
सदा अकृत्रिम जिनालयों के, शुभदर्शन पाऊँ॥12॥

समाधि-भक्ति

तेरी छत्रच्छाया भगवन्! मेरे शिर पर हो।
मेरा अन्तिम मरणसमाधि, तेरे दर पर हो॥

जिनवाणी रसपान करूँ मैं, जिनवर को ध्याऊँ।
आर्यजनों की संगति पाऊँ, व्रत-संयम चाहूँ ॥
गुणीजनों के सद्गुण गाऊँ, जिनवर यह वर दो।
मेरा अन्तिम मरणसमाधि, तेरे दर पर हो॥ 1॥
तेरी.............॥

परनिन्दा न मुँह से निकले, मधुर वचन बोलूँ।
हृदय तराजू पर हितकारी, सम्भाषण तौलूँ॥
आत्म-तत्त्व की रहे भावना, भाव विमल भर दो।
मेरा अन्तिम मरणसमाधि, तेरे दर पर हो ॥ 2॥
तेरी.............॥

जिनशासन में प्रीति बढ़ाऊँ, मिथ्यापथ छोड़ूँ।
निष्कलंक चैतन्य भावना, जिनमत से जोड़ूँ॥
जन्म-जन्म में जैनधर्म, यह मिले कृपा कर दो।
मेरा अन्तिम मरण समाधि, तेरे दर पर हो॥ 3॥
तेरी.............॥

मरण समय गुरु, पाद-मूल हो सन्त समूह रहे।
जिनालयों में जिनवाणी की, गंगा नित्य बहे॥

भव-भव में संन्यास मरण हो, नाथ हाथ धर दो।
मेरा अन्तिम मरण समाधि, तेरे दर पर हो॥ 4॥

तेरी.............॥

बाल्यकाल से अब तक मैंने, जो सेवा की हो।
देना चाहो प्रभो! आप तो, बस इतना फल दो॥
श्वास-श्वास, अन्तिम श्वासों में, णमोकार भर दो।
मेरा अन्तिम मरण समाधि, तेरे दर पर हो॥ 5॥

तेरी.............॥

विषय कषायों को मैं त्यागूँ, तजूँ परिग्रह को।
मोक्षमार्ग पर बढ़ता जाऊँ, नाथ अनुग्रह हो॥
तन पिंजर से मुझे निकालो, सिद्धालय घर दो।
मेरा अन्तिम मरण समाधि, तेरे दर पर हो॥ 6॥

तेरी.............॥

भद्रबाहु सम गुरु हमारे, हमें भद्रता दो।
रत्नत्रय संयम की शुचिता, हृदय सरलता दो॥
चन्द्रगुप्त सी गुरु सेवा का, पाठ हृदय भर दो।
मेरा अन्तिम मरण समाधि, तेरे दर पर हो॥ 7॥

तेरी.............॥

अशुभ न सोचूँ, अशुभ न चाहूँ, अशुभ नहीं देखूँ।
अशुभ सुनूँ ना, अशुभ कहूँ ना, अशुभ नहीं लेखूँ॥
शुभ चर्या हो, शुभ क्रिया हो, शुद्ध भाव भर दो।
मेरा अन्तिम मरण समाधि, तेरे दर पर हो॥ 8॥

तेरी.............॥

तेरे चरण कमल द्वय, जिनवर! रहे हृदय मेरे।
मेरा हृदय रहे सदा ही, चरणों में तेरे॥
पण्डित-पण्डित मरण हो मेरा, ऐसा अवसर दो।
मेरा अन्तिम मरण समाधि, तेरे दर पर हो॥ 9॥
तेरी............. ॥

मैंने जो-जो पाप किए हों, वह सब माफ करो।
खड़ा अदालत में हूँ स्वामी, अब इंसाफ करो॥
मेरे अपराधों को गुरुवर, आज क्षमा कर दो।
मेरा अन्तिम मरण समाधि, तेरे दर पर हो॥ 10॥
तेरी............. ॥

दुःख नाश हों, कर्म नाश हों, बोधि-लाभ वर दो।
जिन गुण से प्रभु आप भरे हो, वह मुझमें भर दो॥
यही प्रार्थना, यही भावना, पूर्ण आप कर दो।
मेरा अन्तिम मरण समाधि, तेरे दर पर हो॥ 11॥

तेरी छत्रच्छाया भगवन्! मेरे शिर पर हो।
मेरा अन्तिम मरणसमाधि, तेरे दर पर हो॥

कुंथलगिरि - 2005

दीक्षा-भक्ति

श्रद्धा भक्ति विनय समर्पण, का इतना फल दो।
मेरी दीक्षा गुरुवर तेरे, कर-कमलों से हो॥

जन्म-जन्म से भाव सँजोये, दीक्षा पायेंगे।
नग्न दिगम्बर साधु बनकर, ध्यान लगायेंगे॥
अनुकम्पा का वरदहस्त यह, मेरे शिर धर दो।
मेरी दीक्षा गुरुवर तेरे, कर कमलों से हो॥ 1॥
श्रद्धा भक्ति.........॥

महापुण्य से महाभाग्य से, गुरुवर आप मिले।
दर्शन पाकर धन्य हुआ हूँ, सारे पाप धुले॥
इष्ट प्रार्थना एक हमारी, आज सफल कर दो।
मेरी दीक्षा गुरुवर तेरे, कर कमलों से हो॥ 2॥
श्रद्धा भक्ति.........॥

मुनि दीक्षा बिन तीर्थंकर भी, मोक्ष न पाते हैं।
इसीलिए दीक्षा पाने वह, वन को जाते हैं॥
तेरी जैसी पिच्छी मेरे, करपल्लव में हो।
मेरी दीक्षा गुरुवर तेरे, कर कमलों से हो॥ 3॥
श्रद्धा भक्ति ....॥

दयानिधि गुरुदेव! हमारे, इतनी दया करो।
ज्ञान और वैराग्य भावना, मुझमें आप भरो॥
मोक्षमार्ग में हमें चलाकर, मुक्ति मंजिल दो।
मेरी दीक्षा गुरुवर तेरे, कर कमलों से हो॥ 4॥

श्रद्धा भक्ति ....॥

मेरा सोया भाग्य जगा दो, भाग्य विधाता हे।
दीक्षा का सौभाग्य हमें दो, दीक्षादाता हे॥
आज्ञा-अनुशंसा-अनुमतियाँ, आत्म स्वरों में दो।
मेरी दीक्षा गुरुवर तेरे, कर कमलों से हो॥ 5॥

श्रद्धा भक्ति ....॥

संयम ही जीवन है, गुरुवर! प्रवचन में कहते।
फिर मुझको नवजीवन देने, क्यों विलम्ब करते॥
तेरी चर्या की शुभ चर्चा, अंबर भूतल हो।
मेरी दीक्षा गुरुवर तेरे, कर कमलों से हो॥ 6॥

श्रद्धा भक्ति ....॥

कल्पद्रुम सा पावन जीवन, व्यर्थ नहीं जाये।
चिन्तामणि सा दुर्लभ नरभव, कहीं न खो जाये॥
ये विराग के फूल खिले हैं, रत्नत्रय फल दो।
मेरी दीक्षा गुरुवर तेरे, कर कमलों से हो॥ 7॥

श्रद्धा भक्ति ....॥

स्वजन-परिजन-सज्जन-जन-जन, मुझे क्षमाकर दो।
मेरे हित की महाभावना, अपने दिल भर लो॥

उन्नति पथ की यही कामना, फल-फूलों में हो।
मेरी दीक्षा गुरुवर तेरे, कर कमलों से हो॥ 8॥
श्रद्धा भक्ति ....॥

प्राण जायें पर गुरुवर मेरा, प्रण न जायेगा।
महावीर के महामार्ग में, दोष न आयेगा॥
दृढ़ संकल्पों का यह श्रीफल! अब स्वीकार करो।
मेरी दीक्षा गुरुवर तेरे, कर कमलों से हो॥ 9॥
श्रद्धा भक्ति ....॥

गुरुवर की आँखों का तारा, बनकर सदा रहूँ।
चंद्रगुप्त सा गुरु सेवक बन, सेवा सदा करूँ॥
गुरु सेवा में जीवन बीते, यही 'विभव' वर दो।
मेरी दीक्षा गुरुवर तेरे, कर कमलों से हो॥ 10॥
श्रद्धा भक्ति ....॥

वरेला - 2010

जिनवाणी-भक्ति

(प्रथम)

श्वास-श्वास में तुझे बसायें, हे जिनवाणी माँ !
बार-बार हम शीश झुकायें, हे जिनवाणी माँ!॥

मूल अर्थ कर्त्ता हैं तेरे, तीर्थंकर स्वामी।
उत्तर ग्रन्थ रचयिता तेरे, श्री गणधर स्वामी॥
हम सब श्रोता सुनने आये, श्री जिनवाणी माँ।
बार-बार हम शीश झुकायें, हे जिनवाणी माँ!॥
श्वास........ ॥ 1 ॥

ज्ञान सूर्य सम निर्मल बनता, तेरी वाणी से।
चारित चन्दा सा उज्ज्वल हो, तेरी वाणी से॥
अखिल विश्व कल्याण कारिणी, आगम वाणी माँ।
बार-बार हम शीश झुकायें, हे जिनवाणी माँ!॥
श्वास........ ॥ 2 ॥

ग्वाला को भी कुन्दकुन्द सा, संत बनाती माँ।
ग्रन्थ सिखा निर्ग्रन्थ बना, अरिहन्त बनाती माँ॥
तीर्थंकर की दिव्य देशना, मोक्ष दायिनी माँ।
बार-बार हम शीश झुकायें, हे जिनवाणी माँ!॥
श्वास........ ॥ 3 ॥

तेरे अमृत अक्षर माता! अक्षय पद दाता।
तेरे पद हर आपद हरते, हैं शिव पद दाता॥
ओम् नमः अर्हं सिखलाती, अर्हद् वाणी माँ।
बार-बार हम शीश झुकायें, हे जिनवाणी माँ!॥

श्वास........॥ 4॥

अहो भारती सारवती माँ!, सरस्वती माता।
वीर हिमाचल से निकली हो, ज्ञान सलिल दाता॥
पाप-ताप संताप हारिणी, जग कल्याणी माँ!
बार-बार हम शीश झुकायें, हे जिनवाणी माँ!॥

श्वास........॥ 5॥

जबलपुर - 2010

जिनवाणी भक्ति

(द्वितीय)

श्वास श्वास में तुझे बसायें, हे जिनवाणी माँ!।
बार-बार हम शीश झुकायें, हे जिनवाणी माँ !॥

धवलाक्षर अरिहंत बराबर, दिव्यध्वनि जैसा।
अक्षर-अक्षर मंत्र भरा है, महामंत्र जैसा॥
स्वर्ग मोक्ष का पथ दर्शाती, यह जिनवाणी माँ।
बार-बार हम शीश झुकायें, हे जिनवाणी माँ!॥
श्वास श्वास में ....॥

महावीर के हस्ताक्षर ये, साक्षरता देंगे।
सिद्धान्तों के शाश्वत स्वर ये, संरक्षक होंगे॥
स्याद्वादमय सप्त स्वरों की, वीणा वाणी माँ।
बार-बार हम शीश झुकायें, हे जिनवाणी माँ!॥
श्वास श्वास में ....॥

क्या-क्या देखा वीतराग ने, मैं क्या जानूँ रे।
जो-जो गाया वीतराग ने, वह पहचानूँ रे॥
आत्म तत्त्व का ज्ञान कराती, सम्यक् ज्ञानी माँ।
बार-बार हम शीश झुकायें, हे जिनवाणी माँ!॥
श्वास श्वास में ....॥

धर्म सभा में आने वाले, समवसरण जाते।
धर्म देशना सुनने वाले, दिव्यध्वनि पाते॥
गुरु मिले तो प्रभु मिलेंगे, कहती वाणी माँ।
बार-बार हम शीश झुकायें, हे जिनवाणी माँ!॥

श्वास श्वास में .... ॥

पहला फल अज्ञान नाश है, दूजा ज्ञान मिले।
तीजा है गुणश्रेणी निर्जरा, अरु सम्मान मिले॥
अंतिम फल निर्वाण हमें दे, जय निर्वाणी माँ।
बार-बार हम शीश झुकायें, हे जिनवाणी माँ!॥

श्वास श्वास में .... ॥

टीकमगढ़ - 2010

▣

चारित्र भक्ति

झुका लिए अपने चरणों में, इन्द्रों के माथा।
उन मुनियों के तपश्चरण की, गाऊँ मैं गाथा

सम्यक् चारित्र ध्वज फहराते, रत्नत्रय धारी।
परम दिगम्बर साधु हमारे, अनुपम अविकारी।
जिनके चरणों की रजकण से, जुड़ा सदा नाता।
उन मुनियों के तपश्चरण की गाऊँ मैं गाथा।।1।।

झुका लिए...............

विराग झरना झर-झर, झरता जिनकी मुद्रा से।
वात्सल्य रस सदा बरसता, जिनकी मुद्रा से
जिन मुनिराजों का दर्शन ही, अनुपम सुख दाता।
उन मुनियों के तपश्चरण की, गाऊँ मैं गाथा।।2।।

झुका लिए...............

भरत क्षेत्र में रहने वाले, या विदेह वासी।
ऐरावत में ध्यान लगायें, मुनिवर वनवासी
जिन मुनिराजों के सुमरण से, मरण सुधर जाता।
उन मुनियों के तपश्चरण की, गाऊँ मैं गाथा।।3।।

झुका लिए...............

आदिनाथ भगवान विराजे, या अतिवीर चले।
चौबीसों भगवान हमारे, जिनमें हमें मिले
जिन मुनिराजों के वचनों में, अमृत झर आता।।
उन मुनियों के तपश्चरण की, गाऊँ मैं गाथा।।4।।

झुका लिए................

तत्त्वबोधमय, चित्तरोधमय, ज्ञान क्रियाकारी।
आत्मशोधमय, शास्त्र बोधमय, अष्ट अंगधारी
जिनका ज्ञानाचार सर्वदा, शिवपथ दरशाता।
उन मुनियों के तपश्चरण की, गाऊँ मैं गाथा।।5।।

झुका लिए...............

सम्यग्दर्शन मूल है जिसका, ज्ञान चरित शाखा।
ऐसे अनुपम कल्पवृक्ष ने, छाया में राखा
निर्मल सम्यग्दर्शन जिनका, श्रद्धा उपजाता।
उन मुनियों के तपश्चरण की, गाऊँ मैं गाथा।।6।।

झुका लिए................

पंचम युग में चौथे युग सी, जिनकी मुनिचर्या।
मोक्षमार्ग प्रत्यक्ष बताती, पल-पल की क्रिया
दुर्लभ नरभव सफल बनाने, जो चरित्र दाता।
उन मुनियों के तपश्चरण की, गाऊँ मैं गाथा।।7।।

झुका लिए................

दूध तपे तो घी बन जाता, माटी कलश बने।
सोना तपकर शुद्ध कहाता, आतम सिद्ध बने
तप संयम से जोड़ लिया है, जिनने निज नाता।
उन मुनियों के तपश्चरण की, गाऊँ मैं गाथा।।8।।

झुका लिए................

आत्म शक्ति को नहीं छुपाना, निज बल दर्शाना।
निःशंक निर्भय होकर निज में, जिन गुण प्रकटाना।
छेद रहित छोटी नौका सम, बनें पार दाता।
उन मुनियों के तपश्चरण की, गाऊँ मैं गाथा।।9।।

झुका लिए................

कितना सुन्दर? कहाँ बनाया? अहो तीर्थ न्यारा।
तीर्थंकर का यही तीर्थ है, शिवपुर का द्वारा
सम्यक् चारित तीर्थ है जिनका, जो हैं निर्माता।
उन मुनियों के तपश्चरण की, गाऊँ मैं गाथा।।10।।

झुका लिए................

पल भर का भी संत समागम, लाता खुशहाली।
मानो रक्षाबन्धन आया, आयी दीवाली।
तीर्थराज सम्मेद शिखर पर, यश ध्वज फहराता।
उन मुनियों के तपश्चरण की, गाऊँ मैं गाथा।।11।।

झुका लिए................

झुका लिये अपने चरणों में, इन्द्रों के माथा।
उन मुनियों के तपश्चरण की, गाऊँ मैं गाथा।।

जयपुर - 2012

▣

- मोह को घटाओ तो सुख बढ़ जायेगा।
- जो भंवर में पड़ गया है वह भव-भव में पड़ गया।
- जो महान होगा वह मूल्यवान होगा।
- जनवाणी नहीं, जिनवाणी याद रखो।
- समता का ताला न टूटे।
  धैर्य का बाँध न फूटे।
  गुरु का साथ न छूटे।
- जन्म का फल - दीक्षा है।
- मैं ही कारण हूँ, मैं ही कार्य हूँ।
- उपादान सम्हालो, निमित्त को दोष मत दो।
- मेरा सुख दुख मेरे आधीन है।
  ज्ञान और वैराग्य की कोख से सुख का जन्म होता है।
  अज्ञान और मोह की कोख से दुःख का जन्म होता है।
  ज्ञान का फल सुख है।

योगी भक्ति

यह सर्वोत्तम योग मिला है, योग भक्ति कर लूँ।
योगीजन के पद कमलों में, यह माथा धरलूँ।

योगमार्ग के आद्य प्रणेता, आदिनाथ स्वामी।
योग चक्रवर्ती कहलाये, बाहुबली स्वामी।।
योगर्षि मुनि भरत चक्री सा, योग हृदय धरलूँ।
योगीजन के पद कमलों में, यह माथा धरलूँ।।1।।

प्रथम योग कायोत्सर्ग है, कर्म नाशकारी।
योग क्रिया यह योग्य क्रिया है, पाप तापहारी।।
योग क्रिया से श्वास-श्वास में, णमोकार भरलूँ।
योगीजन के पद कमलों में, यह माथा धरलूँ।।2।।

परम दिगम्बर श्रमण संत मुनि, योगी कहलाते।
जो योगीश्वर योग क्रिया से, शुक्ल ध्यान ध्याते।।
हे योगीश्वर! योग केवली! पापों को हरलूँ।
योगीजन के पद कमलों में, यह माथा धरलूँ।।3।।

भोगमार्ग तज योगमार्ग पर, जो चलने वाले।
ज्ञान-ध्यान शुद्धोपयोग को, जो करने वाले।।
उनको वन्दूँ, उनको सुमरूँ, उनकी जय करलूँ।
योगीजन के पद कमलों में, यह माथा धरलूँ।।4।।

निज आतम को निज आतम से, योग जोड़ता है।
तथा शुद्ध उपयोग शक्ति से, कर्म तोड़ता है।।
महावीर का महायोग यह, निज में आचरलूँ।
योगीजन के पद कमलों में, यह माथा धरलूँ।।5।।

योगी मुद्रा योगीश्वर को, योग सिखाती है।
योग्य क्रिया ही श्रेष्ठ योग्यता को दर्शाती है।।
निश्चयनय के योग मार्ग को, जीवन में गहलूँ।
योगीजन के पद कमलों में, यह माथा धरलूँ।।6।।

लख चौरासी योनि जगत में, कर्मों से आये।
लख चौरासी आसन माड़े, योग नहीं पाये।।
जैन योग विद्या को पाकर, मोक्ष मार्ग वर लूँ।
योगीजन के पद कमलों में, यह माथा धरलूँ।।7।।

अदम्य साहस अगम्य धैर्ययुत, अद्भुत बलशाली।
कभी न विचलित होते पथ से, श्रुत-वैराग्यबली।।
दशविध मुण्डन मुण्डित मुनि सा, वशीकरण करलूँ।
योगीजन के पद कमलों में, यह माथा धरलूँ।।8।।

निष्पृह, निर्मम, निर्मल आतम, निज में वास करें।
परम तपस्वी महामनस्वी, मुनि वनवास करें।।
धन्य-धन्य उन योगीश्वर सा, निज में ही रम लूँ।
योगीजन के पद कमलों में, यह माथा धरलूँ।।9।।

वन में रहते, परीषह सहते, द्वादश तप तपते।
ध्यान लगाते, कर्म खपाते, जप ही जप जपतें।।
सुख के त्यागी, साधु विरागी, वंदू दुःख हर लूँ।
योगीजन के पद कमलों में, यह माथा धरलूँ।।10।।

आयु अल्प है, कर्म बहुत है, उन्हें खपाना है।
लिया हुआ जो कर्ज पुराना, उसे चुकाना है।।
जाग-जाग सौभाग्य जगाकर, निद्रा जय कर लूँ।
योगीजन के पद कमलों में, यह माथा धरलूँ।।11।।

सागर - 2011

सोलह कारण भावना
(भावना भक्ति)

दोहा

भाव बनाये भावना, भावों में भगवान।
सोलहकारण भावना, करे आत्म कल्याण।।1।।
ज्ञात अर्थ को जानना, पुनि-पुनि बारम्बार।
यही भावना शब्द का, अर्थ शास्त्र अनुसार।।2।।

योगीरासा

1 दर्शन विशुद्धि

जिनभाषित निर्ग्रन्थ पन्थ ही, मोक्ष मार्ग मानूँ।
निःशंक निर्भय होकर भगवन्! सम्यक् श्रद्धानूँ।।
निर्मल सम्यक्दर्शनकारी, आठों गुण भर दो।
सर्व प्रथम आराध्य हमारे, दरश विशुद्धि दो।।1।।

2. विनय सम्पन्नता

शास्त्रज्ञान में ज्ञानी जन में, आदर भाव धरूँ।
त्यागी और विरागी जन में, गुण सत्कार करूँ।।
विनय मोक्ष का द्वार कहाये, अतः विनय गुण दो।
परम पूज्य आराध्य हमारे, विनय सम्पदा दो।।2।।

3. शीलव्रत अनतिचार

वीर वंश का वंशज हूँ मैं, कुल का उजियारा।
गुरुकुल का भी कुल गौरव हूँ, आँखों का तारा।।
निरतिचार चर्या हो मेरी, ऐसे व्रत पालूँ।
अनतिचार व्रत शील भावना, चर्या में ढालूँ।।3।।

4. अभीक्ष्ण ज्ञानोपयोग

आलस तजकर आतम हित में, आगम रुचि लाऊँ।
ज्ञान सम्पदा बढ़ती जाये, शास्त्र ज्ञान पाऊँ।।
ज्ञानमयी उपयोग रहे नित, ज्ञानमयी चर्या।
ज्ञानमयी षड् आवश्यक हों, ज्ञानमयी क्रिया।।
सर्वोत्तम जप सर्वोत्तम तप, ज्ञान भावना है।
पंचम युग में शास्त्र वाचना, श्रेष्ठ साधना है।।
यत्र तत्र सर्वत्र सर्वदा, यही भावना हो।
जौं लौं केवल ज्ञान न पाऊँ, ज्ञान साधना हो।।4।।

5. संवेग भावना

दुःख दायक वह पाप न होवे, भव दुःख भीति रहे।
धर्मीजन में जैनधर्म में, आतम प्रीति रहे।।
शिवसुख कारक पथ अपनाऊँ, उत्तम नीति रहे।
देवशास्त्र गुरु को न भूलूँ, उत्तम रीति रहे।।5।।

6. त्याग भावना

सद्पात्रों में प्रीति बढानें, चार दान देऊँ।
पात्र दान दे हर्ष मनाऊँ, व्रत संयम लेऊँ।।
अपना द्रव्य समर्पित कर लूँ, दान भावना हो।
यथा शक्ति हो तथा भक्ति हो, त्याग भावना हो।।6।।

7. तप भावना

कर्म नाश करने के हेतू, इच्छाएँ रोकूँ।
परम तपस्या के प्रभाव से, कर्मनीर सोखूँ।।

आत्म कार्य को करने वाली, तपो भावना है।
तप कल्याण करने वाली, तपो साधना है।।7।।

8. साधुसमाधि

भरे हुए भण्डार गृहों में, कहीं आग लागे।
उसे बुझाने कौन विवेकी, शीघ्र नहीं भागे।।
त्यों तप के भण्डार तपस्वी, साधु सन्त न्यारे।
उनके सारे विघ्न हटाना, यति समाधि प्यारे।।8।।

गुणीजनों पर दुःख आने पर, उनके दुःख हरलूँ।
मन-वच-तन से साधुजनों की, सेवाएँ करलूँ।।
तप का हृदय यही परम तप, प्रासुक विधि करलूँ।
वैयावृत्त परायण रहकर, भव सागर तरलूँ।।

9. वैयावृत्ति भावना

सूखे हुए सरोवर में ज्यों, पंछी नहि आते।
त्यों सेवा गुण रहित संघ में, साधु नहीं आते।।
तपोराज तप वैयावृत्ति, भव्यों में भर दूँ।
करें साधना सन्त निराकुल, तैयारी कर दूँ।।

निर्मल वातावरण बनाकर, गुरु अनुकुल चलूँ।
सेवा का अवसर दो भगवन! कहकर स्वयं मिलूँ।।
गुरु आज्ञा की नहीं अवज्ञा, सद्गुरु आज्ञा दो।
वैसी वैयावृत्ति करलूँ, जैसी आज्ञा हो।।9।।

10. अर्हद् भक्ति

अरिहंतों के द्रव्य गुणों को, जो नर पहिचाने।
वह ही अपने द्रव्य गुणों को, सम्यक् पहिचाने।।
उनके गुण में आत्म नेह ही, अर्हद् भक्ति कही।
पाप विनाशक, पुण्य प्रकाशक, दायक मुक्ति मही।।10।।

11. आचार्य भक्ति

पंचाचार परायण गुरुवर, संयम पथगामी।
संघ चतुर्विध के अधिनायक, श्री गणधर स्वामी।।
परम पूज्य आचार्य देव से, दीक्षा मैं पाऊँ।
णमो-णमो आइरियाणं पद, पल-पल मैं गाऊँ।।11।।

12. उपाध्याय भक्ति

जिनशासन के परम प्रभावक, हे बहुश्रुत ज्ञानी।
ज्ञानमूर्ति हे ज्ञान प्रदाता, जीवित जिनवाणी।।
सब शास्त्रों के हृदय आप हो, आत्म ज्ञान पाऊँ।
णमो-णमो उवज्झायाणं पद, पल-पल में गाऊँ।।

13. प्रवचन भक्ति

ज्ञान सूर्य सम निर्मल बनता, तेरी वाणी से।
चारित चन्दा सा उज्ज्वल हो, तेरी वाणी से।।
अखिल विश्व कल्याण कारिणी, आगमवाणी माँ।
बार-बार हम शीष झुकायें, हे जिवाणी माँ।।13।।

14. आवश्यक अपरिहाणी

आवश्यक कर्त्तव्य हमारे, यथा समय होवें।
तथा यथागम यथा विधि, से पूर्ण रूप होवें।।
आवश्यक कर्त्तव्य काल में, आवश्यक कर लूँ।
आवश्यक अपरिहार भावना, जीवन में भरलूँ।।14।।

15. मार्ग प्रभावना

जिन शासन की हो प्रभावना, ऐसा कार्य करूँ।
दान त्याग जिनपूजन प्रवचन, हित अनिवार्य करूँ।।
रत्नत्रय के आत्म तेज से, नित प्रभावना हो।
जैनधर्म के प्रति सभी की, सुखद भावना हो।।15।।

16. प्रवचन वात्सल्य

साधर्मी को धर्म मार्ग में, सदा लगाऊँ मैं।
बढूँ, बढ़ाऊँ, बढ़ता जाऊँ, साथ निभाऊँ मैं।।
गिरा हुआ जो अपना साथी, उसे उठाऊँ मैं।
प्रवचन वात्सल्य की, महिमा को प्रकटाऊँ मैं।।16।।

दोहा

पढ़ने से हो निर्जरा, सुनो तो संवर होय।
भाओ तीर्थंकर बना, पालो शिवगति होय।।1।।

सोलह तापों पर तपे, स्वर्ण शुद्ध हो जाय।
सोलह कारण भावना, आतम शुद्ध बनाय।।2।।

जयपुर - 2012

दर्शन-भावना

पुनः दर्शन-पुनः दर्शन-पुनः दर्शन मिले स्वामी।
यही है भावना स्वामी-यही है प्रार्थना स्वामी॥

तुम्हारे दर्श बिन स्वामी, कहाँ हम चैन पायेंगे।
प्रभुवर! याद आयेगी - नयन आँसू बहायेंगे॥
निकाली नीर से मछली, तड़पती चेतना स्वामी।
पुनः दर्शन-पुनः दर्शन-पुनः दर्शन मिले स्वामी॥1॥

बिना स्वाति की बूँदों के, पपीहा प्राण तज देगा।
कृपा के मेघ बरसा दो, जिनेश्वर नाम रट लेगा॥
निहारे चातका तुमको, यही रटना रटे स्वामी।
पुनः दर्शन पुनः दर्शन-पुनः दर्शन मिले स्वामी॥2॥

विरह की वेदना स्वामी-तुम्हें कैसे सुनायें हम।
चाँद बिन ज्यों चकोरे सा-हमारा आज ये तन-मन॥
शिशु माता से बिछड़ा ज्यों,रुदन करता रहे स्वामी।
पुनः दर्शन पुनः दर्शन-पुनः दर्शन मिले स्वामी॥3॥

नहीं सुर सम्पदा चाहूँ -नहीं मैं राजपद चाहूँ।
यही है कामना मेरी, प्रभु तुमसा ही बन जाऊँ॥
मिले निर्वाण न जौलों, रहो नयनों के पथगामी।
पुनः दर्शन पुनः दर्शन पुनः दर्शन मिले स्वामी॥4॥

श्रवणवेलगोला - 2005

प्रतिक्रमण पाठ

अपने गुण रत्नों से प्रभुवर! मेरा कोश भरो।
प्रतिक्रमण करता हूँ भगवन्! मेरे दोष हरो॥

मैं क्रोधी हूँ मैं मानी हूँ, मायावी लोभी।
मैं अज्ञानी पाप कहानी, जैसा हूँ जो भी॥
अपनी गल्ती मैं स्वीकारूँ, अब निर्दोष करो।
प्रतिक्रमण करता हूँ भगवन्! मेरे दोष हरो॥1॥
अपने.....॥

रुई लपेटी आग प्रभुवर! कब लौं कहाँ रखूँ।
परम पिता के चरणों आकर, क्यों न दोष कहूँ॥
हे पालक! अपने बालक को, शीघ्र अदोष करो।
प्रतिक्रमण करता हूँ भगवन्! मेरे दोष हरो॥ 2॥
अपने.....॥

मोह महामद पीकर निशदिन, मैं मदहोश हुआ।
द्रव्य क्षेत्र में काल भाव में, कितना दोष हुआ॥
यह बेहोशी दूर भगाकर, मुझमें होश भरो।
प्रतिक्रमण करता हूँ भगवन्! मेरे दोष हरो॥ 3॥
अपने.....॥

हे पृथ्वी! तू क्षमादान दे, हे जल! क्षमा करो।
अग्नि वायु! तू क्षमादान दे, हे तृण! क्षमा करो॥

तरुवर! गुरुवर! क्षमा कीजिए, अब ना रोष धरो।
प्रतिक्रमण करता हूँ भगवन्! मेरे दोष हरो॥ 4॥

अपने.....॥

हे दो इन्द्रिय! जीव केंचुआ, कृमि लट आदिक रे।
हे तीनेन्द्रिय! चीटा चीटी, खटमल वृश्चिक रे॥
हे चतुरिन्द्रिय! हे पंचेन्द्रिय, अब सन्तोष धरो।
प्रतिक्रमण करता हूँ भगवन्! मेरे दोष हरो॥ 5॥

अपने.....॥

भूतकाल के पाप मिटाने, प्रतिक्रमण करता।
निंदा गर्हा आलोचन कर, भाव भ्रमण हरता॥
आत्म शुद्धियाँ देकर स्वामी! करुणा घोष करो।
प्रतिक्रमण करता हूँ भगवन्! मेरे दोष हरो॥ 6॥

अपने.....॥

त्रस थावर दोनों जीवों की, जो विराधना हुई।
कभी न मुझसे मेरे भगवन्! शुद्ध साधना हुई॥
अपना शिष्य सम्हालो गुरुवर! न अफसोस करो।
प्रतिक्रमण करता हूँ भगवन्! मेरे दोष हरो॥ 7॥

अपने.....॥

नहीं अहिंसा व्रत पाला हो, सत्य न बोला हो।
चोरी की हो कुदृष्टि से, यह मन डोला हो॥
बहुत परिग्रह जोड़ा मैंने, यह सब दोष हरो।
प्रतिक्रमण करता हूँ भगवन्! मेरे दोष हरो॥ 8॥

अपने.....

अणुव्रत धारे गुणव्रत धारे, शिक्षाव्रत धारे।
बारह व्रत में लगने वाले, दोष नहीं टारे॥
लगे हुए उन अतिचारों को, अब निर्दोष करो।
प्रतिक्रमण करता हूँ भगवन्! मेरे दोष हरो॥ 9॥

अपने.....

दर्शन व्रत सामायिक प्रोधष, सचित्त प्रतिमा के।
रात्रिक भोजन ब्रह्मचर्य व्रत, अष्टम प्रतिमा के॥
नौ दश ग्यारह प्रतिमाओं के, कल्मष कोश हरो।
प्रतिक्रमण करता हूँ भगवन्! मेरे दोष हरो॥ 10॥

अपने.....

लिए हुए जो नियम अनेकों, पूरे नहीं किये।
मेरे ही कर्त्तव्य जिनेश्वर! मुझसे नहीं हुए॥
क्षमा मूर्ति हे क्षमादान दो, आतम विभव वरो।
प्रतिक्रमण करता हूँ भगवन्! मेरे दोष हरो॥ 11 ॥

अपने.....

पटेरियाजी - 2011

सामायिक पाठ

मुनि चर्या, श्रावक चर्या में, यह आवश्यक है।
ममता तजना, समता भजना, ही सामायिक है॥

चलो फिर मत, हिलो डुलो मत, बोल नहीं बोलो।
कुछ ना सोचो, कुछ ना चाहो, बस निश्चल होलो॥
राग द्वेष अरु मोह करो मत, विधि आवश्यक है।
ममता तजना समता भजना, ही सामायिक है॥ 1॥

आने वाली अंतिम घड़ियाँ, कैसे सुधरेंगी?
जीवन कीं दुर्लभतम घड़ियाँ, यदि ये बिगड़ेगी॥
अरे सम्हलना,आज सम्हलजा, अति आवश्यक है।
ममता तजना समता भजना, ही सामायिक है॥ 2॥

क्षमा भाव से क्रोध जीत लो, मान विनय धरके।
ऋजुता से माया को जीतो, लोभ तोष करके॥
विषय विजेता, कषाय जेता, ही इस लायक है।
ममता तजना समता भजना, ही सामायिक है॥ 3॥

आवश्यक में आवश्यक हो, आवश्यकता है।
आवश्यक करने वालों की, आवश्यकता है॥
आवश्यक में सबसे उत्तम, यह आवश्यक है।
ममता तजना समता भजना, ही सामायिक है॥ 4॥

समता बिन उपवास वृथा है, औ वनवास वृथा।
मौन-ध्यान, अध्ययन अध्यापन, जानो व्यर्थ प्रथा॥
समता धन ही संतजनों को, शिवसुखदायक है।
ममता तजना समता भजना, ही सामायिक है॥ 5॥

अब तक जितने सिद्ध हुए हैं, सबने स्वीकारा।
सिद्ध हो रहे, आगे होंगे, सामायिक द्वारा॥
आत्म सिद्धि पाने वालों को, सिद्धि प्रदायक है।
ममता तजना समता भजना, ही सामायिक है॥ 6॥

कुछ भी टूटे, कुछ भी फूटे, या सब जग रूठे।
काया छूटे माया छूटे, या सब जग छूटे॥
समता ताला कभी न टूटे, परमावश्यक है।
ममता तजना समता भजना, ही सामायिक है॥ 7॥

राजाओं ने राज तजा है, जिसके पाने को।
सम्राटों ने ताज तजा है, जिसके पाने को॥
वह दुर्लभ सामायिक करलो, जो आवश्यक है।
ममता तजना समता भजना, ही सामायिक है॥ 8॥

जन्म मरण में लाभ हानि में, हर पल समता हो।
शत्रु-मित्र में, काँच कनक में, समता-समता हो॥
समता लाओ सब सुख पाओ, यह सुखदायक है।
ममता तजना समता भजना, ही सामायिक है॥ 9॥

सर्व गुणों का यही खजाना, निज में पाना है।
इसको लेने कही न जाना, निज में आना है॥
आत्मशांति की यही विधि है, यही विधायक है।
ममता तजना समता भजना, ही सामायिक है॥ 10॥

सामायिक जप सामायिक तप, सामायिक व्रत है।
ध्यान दुग्ध धारा से निकला, सामायिक घृत है॥
आत्म तत्त्व के अन्वेषी को, नित आवश्यक है।
ममता तजना समता भजना, ही सामायिक है॥ 11॥

मैं ही कर्त्ता कर्म करण हूँ, मैं ही किरिया हूँ।
मैं ही चेतन, मैं ही चिंतन, मैं ही चर्या हूँ॥
मेरी सामायिक ही मुझको, हित सम्पादक है।
ममता तजना समता भजना, ही सामायिक है॥ 12॥

यही ज्ञान है, यही ध्यान है, यही साधना है।
यही भाव है, यही भासना, यही भावना है॥
इस पथ पर चलने वाला ही, शिवपथनायक है।
ममता तजना समता भजना, ही सामायिक है॥ 13॥

हे समता धर पारस प्रभुवर, तुम्हें नमन मेरा।
हे समताधर सन्त यशोधर, तुम्हें नमन मेरा॥
सामायिक में समता धरना, सदा नियामक है।
ममता तजना समता भजना, ही सामायिक है॥ 14॥

पटेरियाजी (म.प्र.) - 2011

आचार्य वंदना

सिद्ध भक्ति

नमोऽस्तु पौर्वाह्निक/अपराह्निक आचार्य-वन्दना-क्रियायां, पूर्वाचार्यानुक्रमेण, सकलकर्मक्षयार्थं,भाव-पूजा-वन्दना-स्तव-समेतं श्री-सिद्धभक्ति-कायोत्सर्गं करोम्यहम्।

(9 बार णमोकार)

सम्मत्त-णाण-दंसण, वीरिय-सुहुमं तहेव अवगहणं।
अगुरुलहु-मव्वावाहं,अट्ठगुणा होंति सिद्धाणं॥ 1॥
तव-सिद्धे, णय-सिद्धे, संजम-सिद्धे, चरित्त-सिद्धे य।
णाणम्मि दंसणम्मि य, सिद्धे सिरसा णमंसामि॥ 2॥

इच्छामि भंत्ते। सिद्ध-भत्ति-काउस्सग्गो कओ तस्सालोचेउं सम्मणाण-सम्मदंसण-सम्मचरित्त-जुत्ताणं, अट्ठविह-कम्म-विप्प मुक्काणं-अट्गुण-संपण्णाणं, उड्ढलोय-मत्थयम्मि पइट्ठियाणं, तव-सिद्धाणं, णय-सिद्धाणं, संजम-सिद्धाणं, चरित्त-सिद्धाणं, अतीदा-णागद-वट्टमाण-कालत्तय-सिद्धाणं, सव्व-सिद्धाणं, णिच्च-कालं अंचेमि, पूजेमि, वंदामि, णमस्सामि, दुक्खक्खओ, कम्मक्खओ, बोहिलाहो, सुगइ-गमणं समाहि-मरणं, जिणगुण-संपत्ति होउ मज्झं।

श्रुत भक्ति

नमोऽस्तु पौर्वाह्निक/अपराह्निक श्री आचार्य-वन्दना-क्रियायां पूर्वाचार्यानुक्रमेण, सकलकर्मक्षयार्थं, भाव-पूजा-वन्दना-स्तव-समेतं श्री-श्रुतभक्ति-कायोत्सर्गं करोम्यहम्।

(9 बार णमोकार)

कोटिशतं द्वादश चैव कोट्यो, लक्षाण्य-शीतिस्-त्र्यधिकानि चैव।
पञ्चाश-दष्टौ च सहस्र-संख्य-मेतच्छ्रुतं पञ्च-पदं नमामि॥ 1॥

अरहंत - भासियत्थं - गणहर - देवेहिं गंथियं सम्मं।
पणमामि भत्ति-जुत्तो, सुद-णाण-महोवहिं सिरसा॥ 2॥

इच्छामि भंत्ते! सुद-भत्ति-काउसग्गो कओ तस्सालोचेउं-अंगोवंग-पइण्णय-पाहुडय-परियम्मि-सुत्त पढमाणि-ओग-पुव्वगय-चूलिया चेव-सुत्तत्थय-थुइ-धम्म-कहाइयं, सया णिच्च-कालं अंचेमि, पूजेमि, वंदामि, णमस्सामि, दुक्खक्खओ, कम्मक्खओ, बोहिलाहो, सुगइ-गमणं, समाहि-मरणं जिणगुण-संपत्ति होउ-मज्झं।

आचार्य भक्ति

नमोऽस्तु पौर्वाह्णिक/अपराह्णिक आचार्य-वन्दना-क्रियायां, पूर्वाचार्यानुक्रमेण, सकलकर्मक्षयार्थं, भाव-पूजा-वन्दना-स्तव-समेतं श्री-आचार्य भक्ति कायोत्सर्गं करोम्यहम्।

(9 बार णमोकार)

श्रुतजलधि-पारगेभ्यः,स्व-पर-मत-विभावना-पटुमतिभ्यः।
सुचरित-तपोनिधिभ्यो, नमो गुरुभ्यो-गुण-गुरुभ्यः॥ 1॥

छत्तीस-गुण-समग्गे, पंच-विहाचार-करण-संदरिसे।
सिस्सा-णुग्गह-कुसले, धम्मा-इरिये सदा वंदे॥ 2॥

गुरु-भत्ति-संजमेण य, तरंति संसार-सायरं घोरम्।
छिण्णंति अट्ठकम्मं, जम्मण-मरणं ण पावेंति॥ 3॥

ये नित्यं-व्रत-मंत्र-होम-निरता, ध्यानाग्नि-होत्राकुलाः।
षट्कर्माभिरतास्-तपो-धनधनाः,साधु-क्रियाः साधवः ॥4 ॥
शील-प्रावरणा-गुण-प्रहरणाश्-चन्द्रार्क-तेजोऽधिकाः।
मोक्ष-द्वार-कपाट-पाटन-भटाः, प्रीणंतु मां साधवः ॥ 5 ॥

गुरवः पान्तु नो नित्यं, ज्ञान-दर्शन-नायकाः।
चारित्रार्णव-गम्भीरा, मोक्षमार्गोपदेशकाः ॥ 6 ॥

इच्छामि भन्ते! आइरिय भत्ति-काउसग्गो कओ, तस्सालोचेउं, सम्मणाण-सम्मदंसण-सम्मचरित्त-जुत्ताणं, पञ्च-विहाचाराणं, आइरियाणं, आयारादि-सुद-णाणोवदेसयाणं उवज्झायाणं, ति-रयण-गुण-पालण-रयाणं सव्वसाहूणं, णिच्च-कालं, अंचेमि, पूजेमि, वंदामि, णमस्सामि, दुक्खक्खओ, कम्मक्खओ, बोहिलाहो, सुगइ-गमणं-समाहिमरणं, जिणगुण संपत्ति होउ मज्झं।

श्री आदिसागरराचार्य! व्रत-चारित्र भूषितं।
भिषजं मान्त्रिकं ज्योतिर्विद नैयायिकं कविम्।
निमित्तज्ञं बुधैः पूज्यं, सर्व-संग-विदूरितम्।
प्रभावशालिनं धीरं, वन्दे त्रैविध्य-भक्तितः ॥ 1 ॥
वंदे श्री-महावीर-कीर्ति-सुगुरुं, विद्याब्धि-पार-प्रदम्।
कालेऽद्यापि तपोनिधिं गुणगणैः पूर्णम् पवित्रं स्वयम्॥
नग्नत्वादि दुष्ट-शत-परिषहैर्भग्नो न यो योगिराट्।
पापान्मां दुर्बुद्धि-कष्ट-कुहरात, संसार पाथोनिधेः ॥ 2 ॥
कल्पांत काव्य - वचसा विषया गुरुणां।
लोकोत्तराऽखिल गुण - स्तवनं प्रशंसा॥
स्वामिन्! नमोऽस्तु शिरसा मनसा वचोभिः।
दद्याः शिवं 'विमलसागर'-सूरि-वर्यः ॥ 3 ॥

स्वाध्याय - ध्यान - तप-त्याग-महान्-मूर्तिः।
सिद्धांत-सार - कुशलो जिनदेव - भक्तः॥
महावीरकीर्ति - गुरुवर्य - सुपट्ट - शिष्यः।
नित्यं नमामि सूरि सन्मति सागरं च॥ 4॥
तुभ्यं नमो रविः सम तव तेज-काय।
तुभ्यं नमः शशि समुज्ज्वल वैभवाय॥
तुभ्यं नमो दुरित - जाल - विनाशनाय।
तुभ्यं नमो गुरु- 'विराग'-शिव-प्रदाय॥ 5॥
यस्मिन् गिरे च निरताम् श्रुत-शब्द-राशिः।
भास्वान् रश्मि सम तेज, सदा हि नन्दो॥
वागीश्वरी स्वर सुभाषित आगमत्वं।
आचार्य पूज्य - विभवं प्रणमामि नित्यं॥ 6॥
देहे निर्ममता गुरौ विनयता, नित्यं श्रुताभ्यासता।
चारित्रोज्ज्वलता महोपशमता, संसार निर्वेगता॥
अंतर्बाह्य परिग्रह त्यजनता, धर्मज्ञता साधुता।
साधोः साधु जनस्य लक्षणमिदं, संसार विक्षेपणम्॥
हे नाथ रात - दिन में, शयनासनों में।
कर्त्तव्य मूलगुण पालन - पालने में॥
जो-जो हुए विगत में सब पाप भारी।
दो आत्म शुद्धि मुझको गुरु पाप हारी॥

(36 बार णमोकार मन्त्र पढ़ें)

गुरु भक्ति

हे धरती के देव दिगम्बर, तुम्हें नमन मेरा।
तेरे पद चिह्नों पर गुरुवर, रहे गमन मेरा॥

भारत की चैतन्य धरोहर, जिनमुद्रा धारी।
महावीर की महा विरासत, प्राणों से प्यारी॥
जिनशासन जयवन्त रहेगा, चारित लख तेरा।
तेरे पद चिह्नों पर गुरुवर, रहे गमन मेरा॥
हे धरती के .... ॥1॥

चेतन मूलाचार तुम्हीं हो, समयसार तुम हो।
कुन्दकुन्द के नियम निभाते, नियमसार तुम हो॥
आगम चक्षु महासंत के, चरणों मन मेरा।
तेरे पद चिह्नों पर गुरुवर, रहे गमन मेरा॥
हे धरती के .... ॥2॥

सम्यग्दर्शन ज्ञान चरण, त्रय देव कहाते हैं।
ये तीनों ही सदा आपमें, शोभा पाते हैं॥
परम धन्य गुरुदेव हमारे, मैं तेरा चेरा।
तेरे पद चिह्नों पर गुरुवर, रहे गमन मेरा॥
हे धरती के .... ॥3॥

रत्नत्रय के दिव्य तेज से, सदा दमकते हो।
चिंतन चर्या सदाचरण से, सदा चमकते हो॥
निर्विकार निर्ग्रन्थ मनोहर, अहो रूप तेरा।
तेरे पद चिह्नों पर गुरुवर, रहे गमन मेरा॥
हे धरती के .... ॥4॥

भिक्षा भाषण अंतर हृदय, जिनका शुद्ध रहे।
जिनशासन में ऐसे मुनिवर, ही भगवान कहे॥
गुरु दर्शन पा सफल हुआ है, यह नर तन मेरा।
तेरे पद चिह्नों पर गुरुवर, रहे गमन मेरा॥
हे धरती के .... ॥5॥

पृथ्वी जैसे क्षमाशील हो, जल से निर्मल हो।
चंदन से भी शीतल तुम हो, करुणा वत्सल हो॥
गुरुवाणी सुन आज हुआ है, मोह वमन मेरा।
तेरे पद चिह्नों पर गुरुवर, रहे गमन मेरा॥
हे धरती के .... ॥6॥

जैसे नदियाँ जल देती हैं, ज्यों तरुवर फल दें।
वैसे ही गुरुदेव हमारे, हमको संबल दें॥
सबसे दुर्लभ गुण कृतज्ञता, बना रहे मेरा।
तेरे पद चिह्नों पर गुरुवर, रहे गमन मेरा॥
हे धरती के .... ॥7॥

सन्मतिसागर सन्मति देकर, मोह तिमिर हर दो।
दो विरागता विरागसागर, आत्म 'विभव' वर दो॥
रत्नत्रय दे मुझे दिखाओ, निज भगवन्! मेरा।
तेरे पद चिह्नों पर गुरुवर, रहे गमन मेरा॥
हे धरती के .... ॥8॥

निजता समता और सहजता, सदा सरलता दो।
बोधि समाधि सिद्धि हमें दो, भाव धवलता दो॥
गुरु भक्ति में रहे समर्पित, अन्तर्मन मेरा।
तेरे पद चिह्नों पर गुरुवर, रहे गमन मेरा॥
हे धरती के .... ॥9॥

कनक कामिनी कंचन त्यागी, हे मुनिवर मेरे।
ज्ञानी ध्यानी परम विरागी, हे मुनिवर मेरे॥
स्व संवेदन कला सिखाकर, काटो भव फेरा।
तेरे पद चिह्नों पर गुरुवर, रहे गमन मेरा॥
हे धरती के .... ॥10॥

पंच महाव्रत पंच समितियाँ, त्रय गुप्ति पालें।
जैनागम की मुनि चर्या को, जीवन में ढालें॥
महावीर के हे लघुनंदन, वंदन हो मेरा।
तेरे पद चिह्नों पर गुरुवर, रहे गमन मेरा॥
हे धरती के .... ॥11॥

कोनीजी - 2010

तीर्थ वन्दना

तीर्थ वन्दना करने आया, शुद्ध भावना से।
मेरा जीवन सफल हुआ है, तीर्थ वन्दना से॥

कभी न सोचा कभी सुना ना, कहीं नहीं देखा।
ऐसा दर्शन मुझे मिला है, किस्मत की रेखा॥
चंदन बाला धन्य हुई ज्यों, वीर वन्दना से।
मेरा जीवन सफल हुआ है, तीर्थ वन्दना से॥
तीर्थ वंदना...... ॥ 1 ॥

धन्य-धन्य मैं धन्य भाग्य हूँ, धन्य घड़ी आयी।
सम्यग्दर्शन देने वाली, जिनप्रतिमा पायी॥
रोम-रोम यह नाच रहा है, आज वंदना से।
मेरा जीवन सफल हुआ है, तीर्थ वन्दना से॥
तीर्थ वंदना...... ॥ 2 ॥

स्वर्ग न देखा मोक्ष न देखा, बस तुमको देखा।
स्वर्ग मोक्ष मिल गया धरा पर, जब तुमको देखा॥
वह अपूर्व, आनन्द मिला जो, परे कल्पना से।
मेरा जीवन सफल हुआ है, तीर्थ वन्दना से॥
तीर्थ वंदना...... ॥ 3 ॥

रत्नत्रय के धारी मुनिगण, जहाँ विचरते हैं।
परम तपस्या के परमाणु, वहाँ बिखरते हैं॥
बिना बनाये तीर्थ बने हैं, आत्म साधना से।
मेरा जीवन सफल हुआ है, तीर्थ वन्दना से॥
तीर्थ वंदना...... ॥ 4 ॥

तीर्थ हमारी संस्कृति के, पावन प्राण कहे।
जैन धर्म की यही धरोहर, ये पहचान रहे॥
तीर्थ बचाओ धर्म बचाओ, अब तन मन धन से।
मेरा जीवन सफल हुआ है, तीर्थ वन्दना से॥
तीर्थ वंदना...... ॥ 5 ॥

चले देवपत और खेवपत, तीर्थ शिखर जी को।
कितने उज्ज्वल भाव थे उनके, पूछो तो जी को॥
मक्का बन गए मोती दाने, चढ़े भावना से।
मेरा जीवन सफल हुआ है, तीर्थ वन्दना से॥
तीर्थ वंदना...... ॥ 6 ॥

दूर-दूर का हर इक तीरथ, इतना पास लगे।
मोक्ष हमारे आँगन आया, यह विश्वास जगे॥
जन्म-जन्म के पाप कटे हैं, भाव वंदना से।
मेरा जीवन सफल हुआ है, तीर्थ वन्दना से॥
तीर्थ वंदना...... ॥ 7 ॥

सर्वप्रथम सम्मेदशिखर की, रज माथे ले लूँ।
पार्श्वनाथ की टोंक पे जाके, संयम व्रत ले लूँ॥
संयम व्रत ही बने महाव्रत, इसी भावना से।
मेरा जीवन सफल हुआ है, तीर्थ वन्दना से॥

तीर्थ वंदना...... ॥ 8 ॥

आदिनाथ अष्टापद वन्दूँ, चम्पापुर वन्दूँ।
नेमिनाथ गिरनारी वन्दूँ, पावापुर वन्दूँ॥
आत्मशांति का अमृत झरता, तीर्थ चन्द्रमा से।
मेरा जीवन सफल हुआ है, तीर्थ वन्दना से॥

तीर्थ वंदना...... ॥ 9 ॥

पूरव पश्चिम उत्तर दक्षिण, सब तीरथ वन्दूँ।
सोनागिर आहार पपौरा, द्रोणागिरि वन्दूँ॥
कुण्डलपुर नैनागिर पावन, दिव्य देशना से।
मेरा जीवन सफल हुआ है, तीर्थ वन्दना से॥

तीर्थ वंदना...... ॥ 10 ॥

पंचम युग में यही तपोवन, ये नंदनवन है।
आत्म ध्यान करने वालों को, ये ही मधुवन है॥
मन आनंदित हुआ हमारा, पूर्ण वंदना से।
मेरा जीवन सफल हुआ है, तीर्थ वन्दना से॥

तीर्थ वंदना...... ॥ 11 ॥

पटेरियाजी - 2011

तीर्थंकर संस्तुति

हे आदिनाथ! तेरी प्रतिमा, मेरी श्रद्धा को जगा रही।
यह शिवपथ की संदेशक बन, नित मोक्षमार्ग में लगा रही॥
यह वीतरागता परिचायक, ज्ञायक स्वभाव दर्शाती है।
अरु बाल मोहिनी छवि प्यारी, भक्तों का मन हरषाती है॥
दर्शन करते ही, हे प्रभुवर! नयनों में आप समा जाते।
तब भक्त नयन प्रेमाश्रु से, नयनों में तुमकों नहलाते॥
निजशीष बिठा प्रक्षाल करें, फिर हृदय कमल पर पधराते।
तन रोम-रोम रोमांचित हो, नचते गाते पद सिर नाते॥ 1॥

हो कर्म विजेता प्रभुवर तुम, यह 'अजित' नाम सुखदायी है।
पहले मन इन्द्रिय पर जय पा, कर्मों की फौज भगायी है॥
तुम हो अजेय तुम हो विजेय, तुम श्रेय प्रेय आनंदमयी।
मैं अजितनाथ पूजा करता, तुम ध्येय ज्ञेय निर्द्वन्द्वमयी॥ 2॥

संभव! जिनवर का दर्शन ही, कर्मों का उपशम करता है।
भावों में प्रबल विशुद्धि दे, क्षय और क्षयोपशम करता है॥
संभव करदें भव-भव संभव, समभाव भरें संवर पथ दें।
अरु मोक्षमहल तक ले जाने, मम बनें सारथी शिवरथ दें॥ 3॥

मधुवन में कपि करें वंदन, अभिनन्दन का अभिनन्दन कर।
निज मन से भक्त करें वंदन, अभिनन्दन का पद वन्दन कर॥

प्रमुदित मन हो, मुकुलित कर हो, वा-नर वन्दन करता कहता।
ऐसे अभिनन्दन का वंदन, जग का क्रन्दन हरता रहता॥ 4॥

हे सुमति प्रभो! दो सुमति हमें, दुर्मति दुर्गति को दूर करो।
मैं सुमति कहूँ, मैं सुमति लहूँ मैं सुयति रहूँ मन सुमति भरो॥
हे समिति पन्थ के निर्माता, हे समिति सन्त! मन समिति वरो।
हे सुमतिनाथ! नम सुमतिनाथ, दो सुमति माथ मम सुगति करो॥5॥

श्रीपद्मप्रभो! के पादपद्म, यह भक्तभ्रमर मन मँडराया।
आनंद कन्द, मकरन्द पिया, निज चिदानंद पा हरषाया॥
हर्षित होकर मन नाच उठा, जिन गुण गुन-गुन गुंजन गाता।
मानो प्रभुवर के चरणों मे, वह पूजक बन पूजा गाता ॥ 6॥

प्रभुवर सुपार्श्व! दो पार्श्व हमें, हम डूब रहे भवसागर में
दे करके नाथ सहारा तुम पहुँचा दो, प्रभु शिवसागर में॥
मैं तेरा नाम जपूँ प्रभुवर, तुम पर ही एक भरोसा है।
हे नाथ! आपके हाथों में, मेरे जीवन की नौका है॥ 7॥

श्री चन्द्रप्रभो का ज्ञान विशद, सम्पूर्ण कलाओं वाला है।
ज्यों शरद पूर्णिमा का चंदा, करता जग में उजियाला है॥
नभ चन्दा तो घटता-बढ़ता, पर चन्द्रप्रभो न घटते हैं।
अतएव भक्त दिन रैन सदा, जय चन्दप्रभ की रटते हैं॥ 8॥

प्रथमानुयोग करणानुयोग, चरणानुयोग द्रव्यानुयोग ।
ये जिनशासन के चार चरण, इक बिन हो जाते अनुपयोग ॥
ज्यों चार चक्र से रथ चलता, इक चक्र बिना रुक जाता है।
त्यों ही चारों अनुयोग मिले, तब पुष्पदन्त पथ पाता है॥ 9 ॥

जिन शीतल! हो सब शीलमयी, पर शीतल होकर पावक हो।
चऊ कर्म घातिया घातक हो, परघातक नहीं अघातक हो॥
अष्टादश दोष विनष्ट किये, परनाशक नहीं विकाशक हो।
हम भूले भटके भविकों को, शीतल सन्मार्ग प्रकाशक हो ॥10 ॥

व्यवहार और निश्चय दोनों, नय साधन साध्य कहाते हैं।
ज्यों तरु में पहले फूल खिलें, पीछे निश्चय फल आते हैं॥
यह तत्त्व देशना जिनवर की, सर्वोदय मंगलकारी है।
सम्यक् श्रोता उपदेशक ही, श्रेयस् पथ का अधिकारी है॥11 ॥

वसुधा पूजित श्री वासुपूज्य वसुद्रव्य पूज्य, हम पूजक हैं।
त्रैकाल्य-पूज्य त्रयलोक पूज्य, त्रय योग पूज्य हम पूजत हैं॥
जब वसुधा पर अवतरित हुये, तब वसुधा हो गई रत्नमयी।
श्री वासुपूज्य की पूजन से,जीवन बनता त्रय रत्नमयी॥ 12 ॥

है विमलनाथ का ज्ञान विमल,वह विमल ज्ञान रत्नाकर सा।
मेरे गोपद सम ज्ञानों में, क्या तेरा ज्ञान समा सकता॥
फिर भी संस्तुतियाँ कर करके,धो लूँगा स्वयं कर्म दल मल।
तन विमल बने मन विमल बने, वाणी जीवन हो विमल-विमल ॥13 ॥

दुःख किसे मिला? वह जीव तत्त्व,किससे मिलता? वह पुद्गल है।
दुःख का कारण क्या? आस्त्रव है, दुख कैसे बँधता? बन्धन है।।
दुःख को कैसे रोका जाये? वह संवर तत्त्व कहाता है ।
वह दुख भी दूर करूँ कैसे? वह हेतु निर्जरा गाता है।।
दुःख मुक्त अवस्था कैसी है ? वह मोक्ष तत्त्व कहलाता है ।
इस अनेकान्त जिनवाणी का, जिनवर अनंत से नाता है।।
श्रद्धान ज्ञान तप चर्या से, वह मोक्ष तत्त्व मिल जाता है।
जिनवर अनंत का यह पथ ही, हमको अनंत सुख दाता है।। 14 ।।

हम बनें धर्म के अनुयायी, जिनधर्म सदा सुखदायी है।
जिनधर्म और जिनदेव बिना, बहु कष्ट सहा दुखदायी है।।
जिनधर्म सदा जयवन्त रहे, जिनधर्म! तरण-तारण त्रिभुवन।
हो कर्म शमन शिवपंथगमन जिनधर्म नमन! जिन धर्मनमन ।।15 ।।

आहार बहोरीबन्द प्रभो, खजुराहो के हे शान्ति प्रभो।
थूवोन चन्देरी वानपुरम्, कारीटोरन के शान्ति प्रभो ।।
जय रामटेक जय नेमगिरि, जय मुक्तागिर के शान्ति प्रभो।
स्वीकारो मेरा नमन प्रभो! हे सिद्धालय के शान्ति प्रभो।।
चक्रेश प्रभो! तीर्थेश प्रभो, रूपेश प्रभो! दिवि अवतारी ।
हे शान्ति विधायक शान्ति प्रभो! हे शान्तिमूर्ति करुणाधारी।।
हे दुखहारी हे सुखकारी, कर दो सब मेरे दोष शमन।
मैं अर्घ चढ़ाता शान्ति प्रभो, हो विश्वशान्ति के लिए नमन ।।16 ।।

प्रशम भाव का उत्पादन, प्रथमानुयोग से होता है।
संवेग भाव का संवर्द्धन, करणानुयोग से होता है॥
अनुकम्पा गुण का संरक्षण, चरणानुयोग से होता है।
आस्तिक्य भाव निज में धारण, द्रव्यानुयोग से होता है॥

अनुयोग सभी उपयोगमयी, शुभ शुद्ध भाव के हैं कारण।
ऐसे अनुयोग प्रदाता की, पदरज करता मस्तक धारण॥
दे हितकारी संदेश विभो! जग को सन्मार्ग दिखाया है।
श्री कुंथुनाथ प्रभु के चरणों,हमने यह अर्घ्य चढ़ाया है॥17॥

पहले सम्यक् की नींव भरो, फिर ज्ञान भित्ति ऊँची करना।
शुभ ज्ञानमयी दीवारों पर, चारित की छत निर्मित करना॥
यह मोक्षमहल के शिल्पकार श्री अरनाथ ने बतलाया।
क्रमशः जिसने पथ अपनाया,उसने ही मोक्षमहल पाया॥18॥

जो दर्शनार्थ जाना चाहे, पर भीड़ राह अवरोधक हो।
आवाज लगाते तब जाते, वह शब्द बने पथ शोधक हो॥
त्यों मोक्षमार्ग की राहों में, कर्मोदय बनता बाधक है।
तो पूजा रोज रचाता जा, जिनपूजा शिवपथ साधक है॥19॥

व्रत देव लोक में ले जाता, अव्रत नरकों में ले जाये।
जो जीव जहाँ जाना चाहें, वह वैसा ही पथ अपनाये॥
अव्रती व्रतों को ग्रहण करें औ व्रती व्रत में पारायण हों।
व्रत उपदेशक मुनि सुव्रत जी, मेरे शिव पथ में कारण हों॥20॥

रे! बार-बार दधि-मंथन से, ज्यों उत्तम माखन मिलता है।
त्यों बार बार श्रुत मंथन से, निज आत्म तत्त्व फल फलता है॥
अतएव परम आवश्यक है, चिन्तन मंथन जिनवाणी का।
प्रभु नमिनाथ की यह वाणी, कल्याण करे हर प्राणी का ॥21॥

हरिवंश तिलक हे नेमी प्रभु! भव्यों को आप दिवाकर हो।
हे जिन कुंजर! हे अजर! अमर! लोकत्रय आप प्रभाकर हो ॥
बलदेव नमें वसुदेव नमें, चरणों में तीनों लोक नमें।
श्री नेमीनाथ पूजन करते, जिनवर भक्ति में भक्त रमें ॥

ऊर्जयन्त गिरि गिरिनार गिरि, श्री नेमीनाथ निर्वाण गिरि।
जयवन्त रही जयवन्त रहे, यह जिनशासन की प्राण गिरि॥
हम तीर्थ वन्दना करके यह, गिरिनारी सदा बचायेंगे।
इसकी रक्षा में तन मन धन, अर्पण कर अर्घ चढ़ायेंगे॥ 22॥

समता सुमेरु! क्षमताधारी, हे दया क्षमा के अलंकार।
हे महामना! हे महामुनि!, हे धर्मतीर्थ के तीर्थंकार॥
वामानंदन! काटो बन्धन, जग का वन्दन स्वीकार करो।
हे पार्श्वनाथ! हे कृपानाथ, मुझको भवसागर पार करो॥ 23॥

जय महावीर! शासन नायक, क्षायिक ज्ञायक सुखदायक हो।
जय वर्द्धमान भगवान वीर, अतिवीर सुसन्मति लायक हो ॥
तुम जिओ और जीने दो शुभ, सन्देशा जग में फैलाया।
धर्म अहिंसा परमो धर्मः यह विश्व शान्ति पथ दर्शाया ॥24॥

कुण्डलपुर का आँगन बोले, उन महावीर की जय जय जय।
विपुलाचल का कण कण बोले,उन महावीर की जय जय जय॥
पावापुर का सरवर बोले, उन महावीर की जय जय जय।
सम्पूर्ण विश्व मिलकर बोले, उन महावीर की जय जय जय ॥24॥

दोहा

यह तीर्थंकर संस्तुति, करके शुभ गुणगान।
रत्नत्रय को पाल कर, भक्त बने भगवान॥
आदिनाथ से आदिकर, महावीर पद अन्त।
पूर्ण भक्ति से पूजता, चौबीसों भगवन्त॥

द्रोणगिरि, 2008

भक्त को भगवान का, दरबार जरूरी है।
शिष्य को गुरु का, आधार जरूरी है॥
ध्यान से सुनलो, भगवान यूं ही नहीं बनते।
निश्चय के पहले, व्यवहार जरूरी है॥

चाँद जब आता है, चाँदनी रात लाता है।
सूरज जब आता है, सुप्रभात लाता है॥
संतों की महिमा, अजब निराली है बंधुओ।
संत जब आता, इतिहास बदल जाता है॥

उपसर्गहर स्तोत्र

मूल-आचार्य भद्रबाहु

उपसर्गों को हरने वाले, पार्श्वनाथ के लिये नमन।
अष्टकर्म से मुक्त हुए उन, पार्श्वनाथ के लिये नमन॥
विष को निर्विष करने वाले, पार्श्वनाथ के लिये नमन।
मंगलमय कल्याण निकेतन, पार्श्वनाथ के लिये नमन॥1॥

दीप्तिमान विषहर-शक्ति से, पार्श्वनाथ संस्तोत्र परम।
जो मानव करते हैं धारण, कंठहार यह भक्ति वरम्॥
रोग मरी ग्रह बाधा उसकी, तभी पलायन हो जाती।
वृद्धावस्था की बीमारी, उसे कष्ट नहिं पहुँचाती॥2॥

दूर रहे मन्त्रों का सुमरण, उनकी कथा निराली है।
भक्ति भाव से किया नमन ही,लाता स्वयं दिवाली है॥
नरगति पशुगति में वे प्राणी, दुख दुर्गतियाँ न पावें।
श्रद्धा भक्ति विनय भाव से प्रभो! आपको जो ध्यावें॥3॥

चिंतायें चिंतन से मिटती, अतः आप चिंतामणि जिन।
मनोकामना पूरी होती, अतः कहाते कल्पद्रुम॥
तुमको पाकर भक्त आपके, सम्यग्दर्शन पा जाते।
वे निर्विघ्न मोक्ष पद पाते, जो तुमको सचमुच ध्याते॥4॥

अहो महायश ! महाधाम हे ! महामना हे महामुनि।
हृदय बिठाकर संस्तुति करता, केवलज्ञानी महागुणी।
क्षमामूर्ति उपसर्ग विजेता, सच्चे देव नमन करता।
पार्श्वनाथ हे ! बोधिलाभ दो, यही प्रार्थना उर धरता॥5॥

2009, पार्श्वगिरि

नेमिनाथ स्तवन

सहज शान्त वैराग्य मय, जिनमुद्रा अभिराम।
नेमिनाथ भगवान को, वन्दूँ आठों याम॥

अविचल अगम अनूप हैं, अतिशय आभावान।
अभयदान दायी प्रभु, नेमिनाथ भगवान॥

अपलक तुम्हें निहारता, यह बालक भगवान।
सुनो प्रार्थना हे प्रभो! करो शीघ्र कल्याण॥

हृदय सरोवर में उठी, प्रभुवर एक हिलोर।
पांव पखारन आ रही, जिनवर तेरी ओर॥

भक्ति भाव की यह लहर, अब नहलाये तोय।
बिन माँगे मिल जायेगा, जिन गंधोदक मोय॥

तजूँ कीर्ति कीर्तन करूँ, भजूँ सुबह औ शाम।
श्वास श्वास रटता रहूँ, नेमिनाथ भगवान॥

अमल कमल पर पद-कमल, धवल विमल परिणाम।
चरण कमल करते सफल, सब जीवों के काम॥

संस्तुति के आरंभ में, नाच रहा मन मोर।
अन्तर्मन में हो गयी, निश्चय समकित भोर॥

वीतराग भगवान का, किया दृष्टि-अभिषेक।
सम्यग्दर्शन मिल गया, जागृत हुआ विवेक॥
महाचाव शुभ भाव से, नमन महा अनुभाव।
करके मोह अभाव मैं, पाऊँ शुद्ध स्वभाव॥

2009, छतरपुर

▣

आगम ही जिनका जीवन है, जिनका जीवन है आगम।
आगम ही चिंतन चर्या है, चिंतन चर्या में आगम॥
आगम ही प्रवचन है जिनका, जिनके प्रवचन में आगम।
ऐसे गुरुवर विरागसागर, के चरणों में नमन-नमन॥

अधरों पर मुस्कान आपके, वचनों में अमृतधारा।
वात्सल्य नयनों से झरता, चरण दिखाते शिवद्वारा॥
त्याग तपस्या की हो मूरत, अन्तर्मन करता अर्चन।
हम सबकी है यही प्रार्थना, दो गुरुवर मंगल प्रवचन॥

जिनवर अष्टक

जिनवर जय हो ! जिनवर जय हो, गौतम ने गुणगान किया।
प्रथम भक्त बन रत्नत्रय पा, गणधर बन सब ज्ञान लिया॥
भक्त-प्रवर श्री कुन्दकुन्द की, भक्ति भावनाओं का बल।
आद्य दिगम्बर, आद्य दिगम्बर, गूँज उठा गिरनार अचल॥1॥

जिनवर! पद में सुरवर नमते, ऋषिगण-मुनिगण नमन करें।
सम्यग्दर्शन देकर जिनवर, मिथ्यादर्शन शमन करें॥
वीतराग! जिन! हित उपदेशी, तीर्थंकर सर्वज्ञ अहा!
पदवन्दन कर संस्तुति करता, मैं बालक अनभिज्ञ रहा॥ 2॥

जिनमन्दिर

जिनमन्दिर की पावन प्रतिमा, मन मन्दिर में समा गयी।
जिनमन्दिर की पवित्र ऊर्जा, मन मन्दिर में जमा हुई॥
जिनमन्दिर की शीतलता यह, मन मन्दिर शीतल करती।
जिनमन्दिर की उज्ज्वलता यह, मन में उज्ज्वलता भरती॥ 3॥

विशुद्ध-ऊर्जा केन्द्र

वीतराग मुद्रा से हर पल, वीतराग ऊर्जा बहती।
और आपके जिन मन्दिर में, एकत्रित होकर रहती॥
प्रातः-संध्या अतः भक्तगण, दर्शन करने आते हैं।
भक्ति भाव से दर्शन करके, शुभ ऊर्जा ले जाते हैं॥ 4॥

प्रेम-क्षेम कारक

वीतरागमय वह ऊर्जा ही, शुद्ध शान्त मन कर देती।
जन्म-जन्म के पाप अमंगल, पल भर में वह हर लेती॥
वातावरण सुहाना होता, सदा परस्पर प्रेम रहे।
तव अचिन्त्य महिमा है ऐसी, घर-घर मंगल क्षेम रहे॥ 5॥

भक्ति निमित्त

फूल रही फुलवारी का ज्यों, कोना-कोना महक उठे।
आम्र मंजरी पाकर के ज्यों, कोयलियाँ भी कुहुक उठें॥
उसी तरह जिनमन्दिर तेरा, भक्ति-भाव से महक रहा।
अतः जिनेश्वर भक्त आपका, कोयलियाँ सा कुहुक रहा॥ 6॥

मुक्ति आमंत्रण

पावनता का सम्यक् अवसर, समवसरण में आता है ।
जन्म-जन्म का पुण्य हमारा, जिन मन्दिर में लाता है॥
मोह बुलाता हमको घर में, मोक्ष बुलाता मन्दिर में।
मोह भुलाता भव बन्धन में, मोक्ष बुलाता अन्दर में॥ 7॥

सम्यक्त्व लाभ

यहाँ लिया शुभ नाम आपका, नाम वहाँ तक जा पहुँचा।
यहाँ किया शुभ ध्यान आपका, ध्यान वहाँ तक जा पहुँचा॥
यह अटूट विश्वास हमारा, सिद्ध शिला तक जा पहुँचा।
सिद्धालय का शुभ आमन्त्रण, हृदय हमारे आ पहुँचा॥8॥

तेदूखेड़ा - 2011

जिनवर स्तुति

चुम्बकीय आकर्षण

सहज आकर्षण तेरा नाथ! स्वयं ही पास बुलाता है।
सरोवर में ज्यों हंसों को! नीर स्वयमेव बुलाता है॥
अहो सौरभ आकर्षण से, भ्रमर फूलों पर मँडराते।
आपका अद्भुत आकर्षण, भक्त जन चरणों चित् लाते॥ 1॥

प्रार्थना

निहारो प्रभुवर! मेरी ओर, दिखाओ भवसागर का छोर।
निशा अँधियारी छायी है, दिखा दो सम्यग्दर्शन भोर॥
लूटते मुझको कर्म लुटेरे, लगाता भगवन तेरी टेर।
अरे! आ जाओ जल्दी नाथ, करो ना अब ऐसा अंधेर॥ 2॥

अपनी बात

अगर सच है केवलज्ञानी, जानते युगपद् लोकालोक।
भावना मेरी जानो नाथ! दूर कर दो अब सारे शोक॥
सुना तुम ज्ञाता दृष्टा हो, दृष्टि में रहते तीनों लोक।
नजरिया डालो मुझ पर देव, नमन करता हूँ सौ-सौ धोक॥ 3॥

चैतन्य वाटिका

अहा! सुन्दर फूलों का बाग, बाग में खिलते फूल अनेक।
सभी फूलों में सौरभ एक, भ्रमर मँडराते एकानेक॥

अहो! जिनमन्दिर सुन्दर बाग, फूल-सी प्रतिमायें अनुकूल।
सभी प्रतिमा में ईश्वर एक, भक्त भौंरे सम नाचे झूल॥ 4॥

अखण्ड स्वरूप

नजर लग जाने से भगवान्, टूट जाता पत्थर स्वयमेव।
हजारों नजर लगी तुम पर, किन्तु तुम हो अखण्ड जिनदेव॥
आपकी एक नजर पड़ते, कर्म-पर्वत हो जाते चूर।
यदि सच कहना मेरा नाथ, डाल दो एक नजर भरपूर॥ 5॥

कृतज्ञता

अगर अज्ञान तिमिर हरने, वचन किरणें न प्रकटाते।
अरे हम भोले-भाले जन, मोह-वन में ही भरमाते॥
अहो! जिन वीतराग सर्वज्ञ, प्रभोवर हित उपदेशी हो।
जगत् जीवों के तुम ही नाथ, मातृवत् आत्म-हितैषी हो॥ 6॥

बारह भावना

भाव शुद्धि के लिए आत्मन्! बारह भावन भा।
प्रातः दोपहरी संध्या में, नित इनको ही ध्या॥
वैरागी सुत को ये जनती, सच्ची मातायें।
उर विराग संयम उपजावें, शिवपथ दर्शायें॥ 1॥
मनस्तंभ में बाँध - बाँधकर, मुनिजन ये भाते।
प्रशम-नियम-संवेग बढ़ाने, जीवन में लाते॥
इन्हें हितैषी माता जानो, या गुरुवर मानो।
मोक्षमहल की बारह सीढ़ी, इनको सरधानो॥ 2॥

1. अनित्य भावना

क्षण-क्षण उपजें क्षण-क्षण विनशें, ज्यों सागर लहरें।
रूप सम्पदा यौवन जीवन, फिर कैसे ठहरें?
आँखों से दिखते जो हमको, ये पदार्थ प्यारे।
आँख मुँदी सब पड़े रहेंगे, धन वैभव सारे॥ 3॥
टिक्-टिक् करती हुई घड़ी ये, हमें सिखायें यों।
जल्दी करले भला आत्मन्, हिम्मत हारे क्यों॥
बीत गयी जो आज घड़ी तो, कभी न पाओगे।
एक घड़ी के लिए जिन्दगी, भर पछताओगे॥ 4॥
सदा नहीं रहने वाला जो, वह अनित्य जानो।
एक आत्मा शाश्वत जग में, उसे नित्य मानो॥
नित्य आत्मा के स्वरूप को, जो निज में ध्यावे।
परम नित्यता, सिद्ध स्वरूपी, शाश्वत सुख पावे॥ 5॥

2. अशरण भावना

जिनके आश्रय में जाने से, पाप नाश होता।
सब जीवों को वही शरण है, व्यर्थ कहाँ रोता॥
अरिहंतादि पंच प्रभु ही, सदा सहायी हैं।
सम्यग्दर्शन, ज्ञान चरण तप, शिव सुखदायी हैं॥ 6॥
बन्धु बान्धव बन्धन सम हैं, बाँधे भव-भव से।
आत्म हितैषी साधु हमारे, यही मित्र साँचे॥
मोह जाल में हमें फँसाते, मात-पिता बच्चो।
मोक्षमार्ग हमको दर्शाते, मेरे गुरु सच्चो॥ 7॥

3. संसार भावना

कितना सुख है कितना दुःख है, इस जग में तुझको।
ज्ञान तराजू तौल सयाने, और बता मुझको॥
सुख तो सुखाभास ही जानो, मिलता कभी कणा।
दुःख अनंतों मिलते जग में, प्रतिदिन क्षणा-क्षणा॥8॥
आह दिलाकर आता जावे, दाह दिला जावे।
सभी अनर्थों की जड़ प्यारे! पैसा कहलावे॥
प्यारे-प्यारे भैया को भी, धन ही लड़वावे।
खुशियों के आँगन में गम की, दीवारें लावे॥ 9॥
पर का लालन-पालन करने, धन अर्जन करता।
दया धर्म कुछ नहीं विचारे, पापार्जन करता॥
मेरा - मेरा करते - करते, अन्त समय मरता।
भव सागर में गोते खाते, परिवर्तन करता॥ 10॥

4. एकत्व भावना

जग में जन्मे मरे अकेला, आत्म ज्ञान खोके।
स्वयं जीव ने कर्म किए हैं, जीव स्वयं भोगे॥
पाप कमाते हर्ष मनावे, उदय समय रोवे।
काल अनादि से यह प्राणी, कर्म भार ढोवे॥ 11॥
ज्ञाता दृष्टा, शुद्ध-बुद्ध, चैतन्य स्वरूपी हूँ।
निर्विकार हूँ नित्य निरंजन, अरस अरूपी हूँ॥
एक मात्र निज शुद्धातम को, निज में ध्याऊँगा।
द्रव्य भाव नो कर्म रहित हो, निज पद पाऊँगा॥

5. अन्यत्व भावना

जौं लौं स्वारथ, तौ लौं प्रीति, रीति यहाँ की है।
तन के नाते, धन से भाते, जीव इकाकी है॥
काया माया कुछ न तेरी, इनसे भिन्न रहा।
दर्शन ज्ञानमयी तू चेतन, पर से अन्य अहा॥ 13॥
यह ना तेरा यह ना मेरा, सब पुद्गल छाया।
पुद्गल के आकर्षण ने ही, अब तक भरमाया॥
अन्तर अखियाँ खोल सयाने, निज को पहचानो।
नीर-क्षीर की तरह आत्मन्! भिन्न-भिन्न मानो॥ 14॥

6. अशुचि भावना

यह काया चमड़े की पुतली, मूरख प्रीति धरे।
सात कुधातु भरी इस तन में, नव मल द्वार बहे॥

मल-मल कर तू किसको धोता, यह तन मलघट है।
आँख मुदी तो इस काया को, जाना मरघट है॥ 15॥
जैसा चाहो कर सकते हो, इस मानव तन से।
पूर्ण शक्ति के स्वामी तुमहो, सोचो निज मन से॥
दुर्लभ नर काया को पाकर, व्यर्थ नहीं खोना।
हृदय भूमि में रत्नत्रय का, बीज स्वयं बोना॥ 16॥

7. आस्रव भावना

मिथ्या अविरति अरु कषाय, परमाद सहित योगा।
कर्मास्रव के ये ही कारण, मत कर उपयोगा॥
मानव चलते हैं धरती पर, मीन-मगर जल में।
पक्षी उड़ते नभ मण्डल में, कर्म सलिल थल में॥ 17॥
जहाँ न पहुँचे सूरज किरणें, वायु के झोंके।
वहाँ कर्म आकर के पकड़े, रुके नहीं रोके॥
मन वच तन के शुभाचरण से, शुभ आस्रव होता।
पुण्य फला अरिहन्त अवस्था, पुण्यास्रव देता॥ 18॥

8. संवर भावना

सम्यग्दर्शन देश महाव्रत, जब कषाय जय हो।
कर्मों का आना रुक जाये, तब ही संवर हो॥
तीन गुप्तियाँ पंच समितियाँ, दशविध कर्म कहे।
बारह भावन, बाइस परिषह, साधन सन्त गहे॥ 19॥
अहो स्वयंवर करने वाले, कैसे संवर हो।
शुद्धातम को वरने वाले, मुनि को संवर हो॥

गोमटेश जिन बाहुवली की, प्रतिमा ये बोले।
संवर के हैं भेद सत्तावन, वर जिनवर होले॥ 20॥

9. निर्जरा भावना

ज्यों-ज्यों शम दम समता आवे, त्यों-त्यों कर्म झरें।
ज्यों टूटा फल लगे न तरु में, ऐसे कर्म खिरें॥
प्रबल पाप कर्मोदय में मुनि, चिन्तन लाते हैं।
पूर्व जन्म में कर्ज लिया जो, आज चुकाते हैं॥ 21॥
रखो जरा सी सावधानता, जरा न आ पावे।
उससे पहले कर्म निर्जरा, तू करता जावे॥
कर्म निर्जरा करने वाले, क्या फल पाते हैं।
पिता से पहले पुत्र मुनिवन, शिवपुर जाते हैं॥ 22॥

10. लोक भावना

लोक भावना भाने वाले, जा लोकाग्र बसें।
केवलज्ञानालोक प्रभा में, लोकत्रय दरसें॥
शाश्वत षट् द्रव्यों का जिसमें, अवलोकन होता।
इसीलिए तो लोकत्रय यह, सम्बोधन होता॥ 23॥
निज स्वभाव से रचा हुआ है, लोक महल ऐसा।
सदा रहा है, सदा रहेगा, जैसा का तैसा॥
स्वतंत्र कण-कण स्वतंत्र क्षण-क्षण, तुम ऐसा मानो।
लोक शिखर पर जाना चाहो, निजालोक जानो॥ 24॥

11. बोधि दुर्लभ भावना

सब द्रव्यों में द्रव्य निराला, ज्ञान दरश वाला।
मेरा आतम शाश्वत सुंदर, निज का रखवाला॥
किन्तु सर्वथा शुद्धातम हो, तो क्यों तन पाता।
कर्मास्रव भी कैसे करता, कैसे भरमाता॥ 25॥
कभी न भायी, कहीं न पायी, बोधि भावना ये।
सिद्ध शिवालय देने वाली, आत्म साधना ये।
काम भोग अरु बंध कथा में, रचा-पचा-ऐसे।
शुद्ध बुद्ध एकत्व भाव को, समय बचे कैसे?॥ 26 ॥
दुर्लभ से दुर्लभ नर भव पा, इसे व्यर्थ खोया।
रत्नत्रय बिन रहा भटकता, भव-भव में रोया॥
हे चैतन्य चमत्कारी! तू आज सम्हल जा रे।
भाव सहित संयम पालन कर, भव से तर जा रे॥ 27 ॥

12. धर्म भावना

विश्वशान्ति का मूल मंत्र यह, जैनधर्म जानो।
जैनधर्म का तत्त्व अहिंसा, विश्व धर्म मानो॥
प्राणी मात्र में मित्र भावना, यही सिखाता है।
जिओ और जीने दो सबको, पाठ पढ़ाता है॥ 28॥
सब ग्रन्थों का सार समाया, धर्म अहिंसा में।
स्वर्ग मोक्ष सुख को प्रकटाया, धर्म अहिंसा ने॥
धर्म अहिंसा धारण करके, जीव सुखी होगा।
तीन लोक में तीन काल में, नहीं दुःखी होगा॥ 29॥

भव दु:खों से जो निकालकर, शिव सुख में धरता।
वह रत्नत्रय धर्म जगत की, विपदाएँ, हरता॥
रत्नत्रय को धारण करके, मोक्ष द्वार खोलो।
जैनधर्म जयवन्त रहे नित, इसकी जय बोलो॥ 30॥

श्रवणबेलगोला, 2006

▣

ज्ञान की बरषा तुम बरसाते, देकर जन-जन को उपदेश।
जिओ और जीने दो सबको, महावीर का शुभ संदेश॥
भक्त पपीहे प्यासे बैठे, तुम हो गुरुवर मेघ सघन।
स्वाती के बादल बरषाओ, दो गुरुवर मंगल प्रवचन॥

फूल नहीं तो शूल मिलेंगे, जब इतना ही निश्चय है।
चलते चलों मिलेगी मंजिल, यही हमारा निर्णय है॥
दृढ़ संकल्प, लक्ष्य हो उन्नत, मंजिल की दूरी तय है।
स्वागत है दुनिया में उसका, मिली सदा उसको जय है॥

नमिनाथ चालीसा

दोहा

नत हूँ मित हूँ नाथ पद, नमिनाथ मुनिनाथ।
हाथ जोर वन्दन करूँ, झुका-झुका कर माथ॥ 1॥

अतिशयकारी आप हो, नमिनाथ भगवान।
भक्ति भाव से मैं करूँ, चालीसा गुणगान॥ 2॥

चौपाई

देश हमारा भारत प्यारा, मध्यप्रदेश मध्य में न्यारा।
श्रेष्ठ जिला शहडोल कहाया, जैनधर्म का ध्वज फहराया॥

तीन शिखर का मंदिर प्यारा, परम विशुद्धि का भण्डारा।
नमिनाथ की प्रतिमा प्यारी, अतिशयकारी जनमनहारी॥

प्रतिदिन होती पूजा अर्चा, नमिनाथ की अतिशय चर्चा।
देवों द्वारा पूजा होती, मानव मन में श्रद्धा बोती॥

अर्द्धरात्रि में सुरगण आते, घण्टा झालर वाद्य बजाते।
मंगल-मंगल गीत सुनाते, दर्शन कर अनुपम सुख पाते॥

शासन रक्षक देव यहाँ के, अपने शुभ कर्त्तव्य निभाते।
कभी न सहते ईश अवज्ञा, निभा रहे यह प्रथम प्रतिज्ञा॥

पहले हमको भूल बताते, क्षमामार्ग अनुकूल बताते।
देवाज्ञा बिन काम करोगे, तो उसका भुगतान भरोगे॥

मंदिर की शुचिता की रक्षा, पावनता की सदा सुरक्षा।
स्वप्न काल में बोध कराते, गलती हो तो शोध कराते॥

कुछ अतिशय हम सब गाते हैं, सदा सुनाये जो जाते हैं।
बिना जलाये दीप जले हैं, ऐसे अतिशय बहुत मिले हैं॥

बिना बजाये वाद्य बजे हैं, आरतियों के थाल सजे हैं।
ऐसी घटनायें घटती हैं, नमिनाथ को जो रटती हैं॥

साधु सन्त यहाँ पर आये, अतिशय मंत्रज्ञान कुछ पाये।
कुछ को सम्यक् बोध मिला है, समय-समय पर शोध मिला है॥

कुछ ने सुर संबोधन पाया, कुछ ने आत्म निवेदन पाया।
कुछ को स्वप्न मात्र ही आया, कुछ को संशोधन बतलाया॥

चर्याशील साधु रह पाते, चर्यावान स्वप्न कह जाते।
देवाज्ञा बिन कोई रहता, समझो वह कष्टों को सहता॥

अपनी भाषा देव समझते, शब्दों में वह नहीं उलझते।
सीधी सीधी विनती करलो, अनुमति ले मंदिर में रहलो॥

सुनो सँभलकर मन्दिर आना, गपशप में ना समय बिताना।
गलत कदम कुछ नहीं उठाना, हो सकता पीछे पछताना॥

नमिनाथ के दर्शन पालो, गौरव गाथायें कुछ गा लो।
अरे झुकालो चरणों माथा, मिल जायेगी तत्क्षत साता॥

प्रभुवर! का अभिषेक करोगे, अपने सारे विघ्न हरोगे।
लो कलशा करलो तुम धारा भरलो अपना पुण्य पिटारा॥

एक बार कर लो जिनपूजा, इससे सुंदर काम न दूजा।
अरे कहाँ पर हिम्मत हारा, एक बार कर शान्ति धारा॥

शान्ति मिलेगी तुझे यहाँ पे, शान्ति मिली जो मुझे यहाँ पे।
प्रतिमा पर जो कलश ढलेगा, उजड़े घर में चमन खिलेगा॥

जिनपूजा का यह फल फलता, कदम-कदम पर मिले सफलता।
नमिनाथ की जय जय बोलो, अपना मोक्ष द्वार खुद खोलो॥

पंथी की जो प्यास बुझाये, वही कूप सबके मन भाये।
उसी तरह तुम मेरे स्वामी, मनवांछित फल दो प्रणमामि॥

दोहा

नमिनाथ भगवान का, चालीसा सुखकार।
विनयभाव से नित पढ़ो, तीनों योग सम्हार॥
पाठ करो इक्कीस दिन, हो इक्कीसा काम।
श्वास-श्वास रटते रहो, नमिनाथ का नाम॥

- शहडोल, 2016

सिद्धक्षेत्र कुन्थलगिरि कुलभूषण देशभूषण

(पूजा)

कुल को भूषित करने वाले, कुलभूषण स्वामी!
श्रमण देशभूषण जी प्यारे!, दोनों शिवगामी॥
आह्वानन कर नमन करें हम, प्रभु! गुण गान करें।
सिद्धक्षेत्र कुंथल गिरि पूजें, आतम ध्यान धरें॥
मंत्र- आह्वानन्............।

निर्मल नीर चढ़ाता भगवन्! पूजा में तेरी।
जन्म जरा मृतु रोग नशाओ, यही विनय मेरी॥
पूज्य देशभूषण कुलभूषण, दोनों की जय हो।
नाथ! आपकी जिनपूजा से, सकल कर्मक्षय हो॥
मंत्र- जल............।

चन्दन चरण चढ़ाता भगवन्! पूजा में तेरी।
भव-भव के संताप मिटाओ, यही विनय मेरी॥
पूज्य देशभूषण कुलभूषण, दोनों की जय हो।
नाथ! आपकी जिनपूजा से, सकल कर्मक्षय हो॥
मंत्र- चन्दन............।

अक्षत चरण चढ़ाता भगवन्! पूजा में तेरी।
अक्षय आतम गुण प्रकटादो, यही विनय मेरी॥
पूज्य देशभूषण कुलभूषण, दोनों की जय हो।
नाथ! आपकी जिनपूजा से, सकल कर्मक्षय हो॥
मंत्र- अक्षत............।

सुरभित पुष्प चढ़ता भगवन्! पूजा में तेरी।
उत्तम ब्रह्मचर्य प्रकटादो, यही विनय मेरी॥
पूज्य देशभूषण कुलभूषण, दोनों की जय हो।
नाथ! आपकी जिनपूजा से, सकल कर्मक्षय हो॥
मंत्र- पुष्प............।

व्यंजन थाल चढ़ाता भगवन्! पूजा में तेरी।
अनशन तप मुझमें प्रकटादो, यही विनय मेरी॥
पूज्य देशभूषण कुलभूषण, दोनों की जय हो।
नाथ! आपकी जिनपूजा से, सकल कर्मक्षय हो॥
मंत्र- नैवेद्य............।

घृतमय दीप जलाता भगवन्! पूजा मैं तेरी।
तत्त्वज्ञान का दीप जलादो, यही विनय मेरी॥
पूज्य देशभूषण कुलभूषण, दोनों की जय हो।
नाथ! आपकी जिनपूजा से, सकल कर्मक्षय हो॥
मंत्र- दीप............।

शोधित धूप चढ़ाता भगवन्! पूजा में तेरी।
आठों गुण मुझमें प्रकटाओ, यही विनय मेरी॥
पूज्य देशभूषण कुलभूषण, दोनों की जय हो।
नाथ! आपकी जिनपूजा से, सकल कर्मक्षय हो॥
मंत्र- धूप............।

श्रीफल चरण चढ़ाता भगवन्!, पूजा में तेरी।
मोक्ष महाफल दे दो भगवन्! यही विनय मेरी॥
पूज्य देशभूषण कुलभूषण, दोनों की जय हो।
नाथ! आपकी जिनपूजा से, सकल कर्मक्षय हो॥

मंत्र- फल............।

पावन अर्घ चढ़ाता भगवन्!, पूजा में तेरी।
रत्नत्रय मुझमें प्रकटाओ, यही विनय मेरी॥
पूज्य देशभूषण कुलभूषण, दोनों की जय हो।
नाथ! आपकी जिनपूजा से, सकल कर्मक्षय हो॥

मंत्र- अर्घ............।

जयमाला

दोहा

भक्ति पुष्प से गुथ रहा, जिनवर की गुणमाल।
जयवन्तों जिनराज तुम, जयवन्ते जयमाल॥

दोहा

सिद्धक्षेत्र कुंथलगिरि, कुलभूषण मुनिराज।
मुनि देशभूषण परम, जय-जय-जय जिनराज॥

कुल को भूषित करने वाले, कुलभूषण स्वामी।
मुनि देशभूषण जी प्यारे, हे शिवपथ गामी॥
नमन करें हम नमन करें हम, चरणों नमन करें।
प्रभु आपके पद चिह्नों पर, प्रतिपल गमन करें॥ 1॥

सिद्धार्थपुरी के नृपक्षेमंकर, जगती के स्वामी।
विमलावती के सुत हो प्यारे, दोनों अभिरामी॥
मात-पिता ने जन्म दिया तब, आभूषण पाये।
देश और कुलभूषण प्यारे, नाम यही गाये॥ 2॥

लालन-पालन के दिन बीते, विद्या दिन आये।
मात-पिता के शुभाशीष से, गुरुकुल भिजवाये॥
यहाँ मात की गोद में देखो, कन्या सुभग हुई।
शीलवती कन्या सुकुमारी, पढ़ लिख सजग हुई॥ 3॥

रक्षाबन्धन जब-जब आये, बहिना याद करे।
प्यारे भैया कब आयेंगे, यह फरियाद करे॥
भैया की यादों में देखो, बहिन यहाँ रोती।
अन्जाने में उन भैयों को, भी पीड़ा होती॥ 4॥

बीते वर्ष अनेकों इनके, विद्याध्ययन करते।
मात-पिता की याद सताये, फिर कैसे रहते॥
राजपुत्र दो हुए सयाने, समाचार पाया।
मात-पिता युत प्रजाजनों का, निज मन हर्षाया॥ 5॥

नगर-आगमन का मुहूर्त लख, गुरुवर से बोले।
क्षमा करो आशीष हमें दो, अन्तर्मन खोले॥
अंतिम शिक्षा वात्सल्य-युत, गुरुवर की वाणी।
मोक्षमार्ग के लिये सिखायी, विद्या कल्याणी॥ 6॥

शुभाशीष लेकर गुरुवर का, रथ का शीघ्र चले।
कब पहुँचू मैं नगर को अपने, माँ का दर्श मिले॥
राजनगर में बजे बधईयाँ, खुशियों की बेला।
राजपुत्र के दर्शन पाने, लगा यहाँ मेला॥ 7॥

नृत्यगान मंगल आरतियाँ, तोरण द्वारों से।
सभी नगरवासी दर्शन के, प्यासे-प्यासे से॥
प्यारी बहिना सोच रही है, भैया आयेंगे।
वर्षगांठ शुभ रक्षाबन्धन, आज मनायेंगे॥ 8॥

आरतियों का स्वर्णथाल ले, महल झरोखों से।
प्यारी बहिना देख रही है, प्यासी अँखियों से॥
नगर-द्वार पर रथ आते ही, आँखें रही बंधी।
सुंदर बाला रम्भा जैसी, पाऊँ इसे अभी॥ 9॥

कामदेव के बाणों ने तब, घायल कर डाला।
सोलह वर्षों की विद्या मैं, लगी काम ज्वाला॥
एक निशाना साध रहे हैं, दोनों तीर अभी।
ऐसा विस्मय कभी हुआ ना, होगा नहीं कभी॥ 10॥

अग्रज भैया मेरी सुन लो, मानूँ सब तेरा।
उस बाला से ब्याह करूँ मैं, यही वचन मेरा॥
सबसे पहले मैंने देखी, वह सुन्दर बाला।
मेरे सिवा नहीं हो सकता, कोई रखवाला॥ 11॥

सुन लो अनुज! आज तुम मेरे, बात कहूँ तुमसे।
प्राण जाये पर ब्याह करूँगा, मैं उस बाला से॥
भातृ-भावना भूल चुके वे, करने को मन की।
निर्णय करने को तलवारें, दोनों की खनकी॥ 12॥

न्याय करेंगी ये तलवारें, दोनों बोल पड़े।
जो दूजें को मार गिराये, वह ही ब्याह करे॥
हुआ अचम्भा सबको आखिर, क्या अनहोनी है?
स्वागत की बेला में क्यों ये, धरती खूनी है?॥ 13॥

दौड़े-दौड़े युद्ध क्षेत्र में, मन्त्रीगण आते।
प्यार भरी मीठी वाणी में, सब कुछ समझाते॥
नहीं वीरता की बेला है, वीरपुत्र हो तुम।
चरम शरीरी दोनों सुत हो, सभी जानते हम॥ 14॥

आपस में तुमको लड़ करके, क्या परिचय देना।
राज्य सम्पदा जो भी चाहो, वह तुम ले लेना॥
ना मन्त्रीवर! राज्य सम्पदा, हमको पाना है।
देखों उस सुन्दर बाला से, ब्याह रचना है॥ 15॥

ब्याह रचा लो दोनों भैया, करो न अब देरी।
तुम्ही सहोदर उसके ठहरे, वह बहिना तेरी॥
बुला रही है तुमको बहिना, वर्ष अनेकों से।
इसीलिए तो देख रही है, तुम्हें झरोखों से ॥ 16॥

झुका शर्म से माथा इनका, आँसू निकल रहे।
भरकर आहें सिसक-सिसककर, पश्चाताप करे॥
धिक् धिक्धिक् इस मेरे मन को, काम विकारों को।
विषय वासनाओं के चक्कर, अशुभ विचारों को॥ 17॥

निकल पड़े तब दोनों भैया फिर वापिस वन को।
कोई समझ न पाया उनके, वैरागी मन को॥
अपनी बहिना से ही जितने, सच्ची शिक्षा ली।
वस्त्राडम्बर तजकर उनने, मुनिवर दीक्षा ली॥ 18॥

तप करने से खेद न होता, निज बल पाते हैं।
बीहड़-वन में दोनों मुनिवर, ध्यान लगाते हैं॥
सर्दी-गर्मी या वर्षा के, कष्ट सहें भारी।
दशों दिशा में महक रही है, संयम फुलवारी॥ 19॥

रत्नत्रय का पालन करते, समय बहुत बीता।
अग्निप्रभ ने तभी एकदिन, मुनियों को देखा॥
मिथ्याबुद्धि के वश होकर, बैर याद आया।
तभी देव ने क्रोधित होकर, पत्थर बरसाया॥ 20॥

रच उपसर्ग अनेको ऐसे, जन-मन घबराया।
वंशस्थल का वह पर्वत भी, थर-थर थर्राया।
सुनी भयानक आवाजें तब, डरकर सब भागे।
पर्वत ऊपर कोई न जाये, सबको भय लागे ॥ 21॥

दोनों मुनिवर ध्यान लगायें, समता भाव धरे।
उपसर्गों को सुनने वाले, हा! हाकार करें॥
तभी राम लक्ष्मण व सीता, पर्वत ढिग आते।
खाली नगरी देख वहाँ की, विस्मित रह जाते॥ 22 ॥

एक वृद्ध ने कहा राम से, ऊपर मत जाना।
अपने भी तुम प्राण गँवाओ, होगा पछताना॥
सारी घटना समझ रामजी, पर्वत पर जाते।
देखे उपसर्गों के बादल, मुनिवर पर आते ॥ 23 ॥

मुनि चरणों में पहुँच राम ने, सादर नमन किया।
मुनि उपसर्ग निवारण हेतु, हाथों धनुष लिया॥
धर्मीजन की रक्षा करना, ही क्षत्रिय बल है।
दीन दुखी को नहीं सताना, विद्या का फल है॥ 24 ॥

वीर पुरुष दोनों भ्राता तब, ऊँचे स्वर बोले।
कौन करे उपसर्ग मुनिवर, आँखें तो खोले॥
अग्निप्रभ तब दैत्य रूप में, क्रोध भरा आया।
राम लखन के उन बाणों ने, उसको घबराया॥ 25 ॥

दैत्य पराजित हुआ नमन कर, पल में दूर भगा।
दोनों मुनियों को पलभर में, केवल ज्ञान जगा॥
पंच सहस धनु भूमण्डल से, नभमण्डल में हैं।
वीतराग सर्वज्ञ हितैषी! जन-जन मंगल हैं ॥ 26 ॥

स्वर्गलोक से इन्द्रदेवता, करें रत्न वृष्टी।
संदेशा पाकर के हो गई, हर्षमयी सृष्टी॥
गन्धकुटी की रचना हो गयी, सुंदर सी प्यारी।
दिव्यदेशना खिरी मुनि की, त्रय जग उपकारी ॥ 27 ॥

सात तत्त्व छः द्रव्य बताये, नव पदार्थ गाये।
धर्म अहिंसा परमो धर्मः, जग को बतलाये।
नभ मण्डल से कर विहार फिर, कुंथलगिरि आये।
शुक्लध्यान में लीन हुये तब, शिवपद को पाये ॥ 28 ॥

अहो धन्य हे धन्य मुनीश्वर, निज कल्याण किया।
आत्म 'विभव' को तुमने पाया, पद निर्वाण लिया॥
करें प्रार्थना तुम चरणों से, नमन हमारा हो।
बोधिलाभ युत गुरु चरणों में, मरण हमारा हो ॥ 29 ॥

दोहा

महापुरुष का यह चरित, दे महानता दान।
कुल को भूषित हम करें, करें देश कल्याण ॥ 30 ॥

– कुंथलगिरि, 2005

आदिनाथ पूजन

(तूणक छन्द)

तर्ज-पार्श्वनाथ पूजा (नीर गंध अक्षतान्)

आइए! पधारिये! विराजिये, सुदेव जी।
आदिनाथ देव जी, सु आदिनाथ देव जी।।
आदिनाथ आप हो, सहस्रनाम धार जी।
भक्ति भाव पूजता, जिनेन्द्र बार-बार जी।

ॐ ह्रीं श्री आदिनाथ जिन! अत्र अत्र अवतर अवतर संवौषट् आह्वाननम्। अत्र तिष्ठ-तिष्ठ ठः ठः स्थापनम्। अत्र मम सन्निहितो भव भव वषट् सन्निधिकरणम्

गंगतीर नीर लाय, क्षीर सिन्धु क्षीर सा।
भावना समीर लाय, चित्त शुद्ध वीर सा।।
आदिनाथ आप हो, सहस्रनाम धार जी।
भक्ति भाव पूजता, जिनेन्द्र बार-बार जी।।

ॐ ह्रीं श्री आदिनाथ जिनेन्द्राय! जन्म जरा मृत्यु विनाशनाथ जलं नि. स्वाहा।

गंध क्या सुगन्ध है, कवित्व काव्य छन्द है।
चंदनादि द्रव्य क्या, चरित्र का प्रबंध है।।
आदिनाथ आप हो, सहस्रनाम धार जी।
भक्ति भाव पूजता, जिनेन्द्र बार-बार जी।।

ॐ ह्रीं श्री आदिनाथ जिनेन्द्राय! भवाताप नाशनाय चन्दनं नि. स्वाहा।

चेतना अखण्ड है, अमूर्त है अनंत है।
शक्ति रूप शुद्ध शान्त, ज्ञान दर्श वंत है।।
आदिनाथ आप हो, सहस्रनाम धार जी।
भक्ति भाव पूजता, जिनेन्द्र बार-बार जी।।

ॐ ह्रीं श्री आदिनाथ जिनेन्द्राय! अक्षय पद प्राप्तये अक्षतान् नि. स्वाहा।

पुष्प है गुलाब का, सुभाव है गुलाब सा।
वीतराग देव दो, स्वभाव वीतराग सा।।
आदिनाथ आप हो, सहस्रनाम धार जी।
भक्ति भाव पूजता, जिनेन्द्र बार-बार जी।।

ॐ ह्रीं श्री आदिनाथ जिनेन्द्राय! कामबाण विनाशनाय पुष्पं नि. स्वाहा।

मिष्ठ अन्न मोदकं, प्रभावना प्रमोदकं।
शुद्ध व्यंजनादि ले, छुधादि रोग नाशंन।।
आदिनाथ आप हो, सहस्रनाम धार जी।
भक्ति भाव पूजता, जिनेन्द्र बार-बार जी।।

ॐ ह्रीं श्री आदिनाथ जिनेन्द्राय! क्षुधारोग विनाशनाय नैवेद्यं नि. स्वाहा।

दीप आरती जला, समीप लाय हो भला।
मोह अंधकार मेट, देय ज्ञान की कला।।
आदिनाथ आप हो, सहस्रनाम धार जी।
भक्ति भाव पूजता, जिनेन्द्र बार-बार जी।।

ॐ ह्रीं श्री आदिनाथ जिनेन्द्राय! मोहांधकार विनाशनय दीपं नि. स्वाहा।

कर्म को जलाइए, न कर्म आस-पास हो।
अष्ट कर्म नाश हो, सुसिद्ध लोक वास हो।।
आदिनाथ आप हो, सहस्रनाम धार जी।
भक्ति भाव पूजता, जिनेन्द्र बार-बार जी।।

ॐ ह्रीं श्री आदिनाथ जिनेन्द्राय! अष्टकर्म दहनाय धूपं नि.स्वाहा।

आम, सेब, संतरा, सुपारियाँ भरे-भरे।
स्वर्ण थाल ये धरे, विशुद्ध भावना भरे।।
आदिनाथ आप हो, सहस्रनाम धार जी।
भक्ति भाव पूजता, जिनेन्द्र बार-बार जी।।

ॐ ह्रीं श्री आदिनाथ जिनेन्द्राय! मोक्ष फल प्राप्तये फलं नि. स्वाहा।

अष्ट द्रव्य हाथ ले, मनोज्ञ भाव साथ ले।
इष्ट देव पूजने, जिनेन्द्र भक्त ये चले।।
आदिनाथ आप हो, सहस्रनाम धार जी।
भक्ति भाव पूजता, जिनेन्द्र बार-बार जी।।

ॐ ह्रीं श्री आदिनाथ जिनेन्द्राय! अनर्घ पद प्राप्तये अर्घं नि. स्वाहा।

जयमाला

दोहा

आदिनाथ भगवान का, यह पावन दरबार।
मानो तो सम्मेद है, मानो तो गिरनार।।
अपनी-अपनी भावना, अपना है विश्वास।
यही अयोध्या तीर्थ है, यही तीर्थ कैलाश।।

दोहा - (तर्ज - नरेन्द्रं फणीन्द्रं)

महामंगलों का, महारूप है ये।
महामंदिरों का, महामूर्त है ये।।
महामूर्तियों का, यहाँ है बसेरा।
महामंत्र गूँजे, निशा वा सबेरा।।1।।

कभी भी न सोचा, कहीं भी न देखा।
यहाँ पे मिला जो, अनोखा-अनोखा।।
नमस्ते हमारा, नमस्ते हमारा।
नमो आदि बाबा, नमस्ते हमारा।।2।।

कहाँ के सताये, कहाँ के रुलाये।
यहाँ भक्त आये, सदा सौख्य पाये।।
सदा भक्त आते, सदा भक्त जाते।
प्रभो भक्त तेरा, यशोगान गाते।।3।।

कहीं पे रुलाया, यहाँ तू हँसेगा।
कहीं भाग्य सोया, यहाँ तो जगेगा।
यहाँ दर्श पाते, महाभाग्यशाली।
मनाते दिवाली, महापुण्य शाली।।4।।

जपूँ जापमाला, महामंत्र प्यारा।
भजूँ नाममाला, स्वयंभू सहारा।।
मिटें दोष मेरे, मिले शान्ति मेरी।
कृपा शीघ्र चाहूँ, नहीं नाथ देरी।।5।।

सदा अर्चना से, करूँ मैं सबेरा।
सदा प्रार्थना से, करूँ मैं बसेरा।।
सदा आरती से, भगाऊँ अंधेरा।
जहाँ आप होवें, चला आऊँ टेरा।।6।।

तुमीं पे भरोसा, रहा नाथ मेरा।
तुमीं साथ दोगे, सदा नाथ मेरा।।
तुमीं हो खिवैया, तुमीं हो तरैया।
किनारे लगादो, हमारी सु-नैया।।7।।

खिले फूल जिसमें, स्वरों व्यंजनों से।
चुने फूल मैंने, उसी वाटिका से।।
गुणों से गुथी है, यही पुष्पमाला।
इसे कण्ठ धारों, वरे मुक्तिबाला।।8।।

ॐ ह्रीं श्री आदिनाथ जिनेन्द्राय जयमाला पूर्णार्घं नि. स्वाहा।

दोहा

आदिनाथ प्रभु आपको, जपूँ सहस्रों बार।
बार-बार पूजा करूँ, बारबार जयकार।

(इति आर्शीवाद पुष्पम्)

जयपुर - 2012

॥ श्री मल्लिनाथ पूजा ॥

अतिशय क्षेत्र शिरडशहापुर जी!

रचयिता- शास्त्र कवि श्रमणाचार्य विभवसागर मुनि

दोहा

शिरडशहापूर क्षेत्र के, मल्लिनाथ भगवान।
हृदय कमल पर आइए, मैं पूजूँ धर ध्यान॥

मंत्र- आह्वानन............।

मम-हृदय सरोवर से भगवन्! श्रद्धागंगा की धार वही।
मैं श्रद्धा जल भरकर लाया, स्वीकारो मेरे नाथ सही॥
मैं द्रव्य-भाव पूजन करता, चैतन्य भावना से भगवन्।
अतिशयकारी! अर्हन्त! सिद्ध! श्री मल्लिनाथ पद नमन-नमन॥

मंत्र- जलं............।

चंदन घिसता जितना-जितना, उतना-उतना सौरभ आता है।
चिंतन करता जितना-जितना, उतना-उतना संयम आता है॥
मैं द्रव्य-भाव पूजन करता, चैतन्य भावना से भगवन्।
अतिशयकारी! अर्हन्त! सिद्ध! श्री मल्लिनाथ पद नमन-नमन॥

मंत्र- चन्दन............।

अक्षत सा मेरा यह प्रयास, अक्षय विकास का साधन है।
अक्षय पद दाता हे प्रभुवर! अध्यात्म तत्त्व आराधना है॥
मैं द्रव्य-भाव पूजन करता, चैतन्य भावना से भगवन्।
अतिशयकारी! अर्हन्त! सिद्ध! श्री मल्लिनाथ पद नमन-नमन॥

मंत्र- अक्षत............।

चैतन्य वाटिका में भगवन! नैसर्गिक सुषमा छायी है।
गुण सुमनों की फुलवारी से, यह संस्तुति माल रचायी है॥
मैं द्रव्य-भाव पूजन करता, चैतन्य भावना से भगवन्।
अतिशयकारी! अर्हन्त! सिद्ध! श्री मल्लिनाथ पद नमन-नमन॥
मंत्र- पुष्प............।

न क्षुधा तुम्हें, न तृषा तुम्हें, न हि साता और असाता है।
ये व्यंजन अर्पित तुमको है, तुमसे ही मेरा नाता है॥
मैं द्रव्य-भाव पूजन करता, चैतन्य भावना से भगवन्!
अतिशयकारी! अर्हन्त! सिद्ध! श्री मल्लिनाथ पद नमन-नमन॥
मंत्र- नैवेद्य............।

मिथ्यात्व अँधेरा, दूर हुआ, जब सम्यग्दर्शन दीप जला।
विपरीत मान्यताएँ भागीं, जब दिव्य ध्वनि संदेश मिला॥
मैं द्रव्य-भाव पूजन करता, चैतन्य भावना से भगवन्।
अतिशयकारी! अर्हन्त! सिद्ध! श्री मल्लिनाथ पद नमन-नमन॥
मंत्र- दीप............।

यह धूप जली यह धुआ उड़ा, मानो कर्मों का दहन हुआ।
तुम लोक शिखर की ओर गये, उस चित्रण का अनुशरण हुआ॥
मैं द्रव्य-भाव पूजन करता, चैतन्य भावना से भगवन्।
अतिशयकारी! अर्हन्त! सिद्ध! श्री मल्लिनाथ पद नमन-नमन॥
मंत्र- धूप............।

मैं फल की चाह नहीं रखता, पूजा निष्फल कब होती है।
हे नाथ! सफलता ही मिलती, जब शुद्ध भावना होती है॥

मैं द्रव्य-भाव पूजन करता, चैतन्य भावना से भगवन्।
अतिशयकारी! अर्हन्त! सिद्ध! श्री मल्लिनाथ पद नमन-नमन॥
मंत्र- फल............।

प्रभु! अष्ट द्रव्य का अर्पण है, उससे भी अधिक समर्पण है।
यह भक्त बुलाता है तुमको, भगवान्! यहाँ आमंत्रण है॥
मैं द्रव्य-भाव पूजन करता, चैतन्य भावना से भगवन्।
अतिशयकारी! अर्हन्त! सिद्ध! श्री मल्लिनाथ पद नमन-नमन॥
मंत्र- अर्घ............।

जयमाला

दोहा

शिरडशहापुर क्षेत्र के, मल्लिनाथ भगवान।
अतिशयकारी आप हो, गाऊँ मैं जयगान॥

तर्ज

यह प्रतिमा अतिशयकारी है, यह प्रतिमा पर उपकारी है।
जो प्रतिमा की पूजा करता, वह सम्यग्दर्शनधारी है॥
शिल्पी की कला कुशलता यह, दाता की दान सफलता है।
आचार्य मंत्र की निर्मलता, निज भावों की उज्ज्वलता है॥ 1 ॥

प्रतिमा के दर्शन से होता, भगवत्व शक्ति का दर्शन है।
यह प्रतिमा स्वतः बुलाती है, क्या चुम्बकीय आकर्षण है॥
शासक बदले शासन बदला, परिवर्तन होता चला गया।
बीती शताब्दियाँ इस क्रम से, भक्तों का होता भला गया॥ 2 ॥

अब आगे कथा निराली है, सुनकर होती दीवाली है।
जब से प्रतिमा जी आयी है, हरियाली है खुशहाली है॥
देवेन्द्र कीर्ति भट्टारक जी, संन्यास समय जो श्रमण हुए।
श्री पद्मनंदी उनके सु शिष्य, दीक्षा धारण कर शरण लिए॥ 3॥

जिनधर्म प्रभावन लक्ष्य लिए, भोकर नगरी को गमन किया।
नांदेड़ निकट अर्द्धापुर में, सामायिक कर कुछ शयन किया॥
प्रातः तरुवर के नीचे ही, इस मनहर प्रतिमा को देखा।
ले जाऊँ इसे मैं कारंजा, मन में विचार उत्तम लेखा॥ 4॥

प्रतिमा जाने की बात सुनी, ग्रामीण बहुत आकुलित हुए।
भाँगा नगरो के बादशाह, अनुमति देकर मन मुदित हुए॥
गाड़ी में प्रतिमा पधराकर, श्री पद्मनंदि जी साथ चले।
पथ में पड़ाव यह शीरड का, दर्शन करलूँ मन शान्ति मिले॥ 5॥

प्रातः चलने को होते है, गाड़ी न हि आगे बड़ती है।
तब यत्न अनेक किए सबने, प्रतिमा किंचित्त ना हिलती है॥
उस रात श्रेष्ठ सपना देखा, खोली जिसने किस्मत रेखा।
प्रतिमा की यहीं प्रतिष्ठा हो, सपना सार्थक करना लेखा॥ 6॥

अतिशयकारी यह घटना ही, भक्तों का मन हरषाती है।
लगभग दो सौ बरसो से यह, धरती भी तीर्थ कहाती है॥
ये तीर्थ हमारे पावन हैं, जो पावन हमें बनाते हैं।
शुभ मार्गशीर्ष एकादशी को, हम यात्रा पर्व मनाते हैं॥ 7॥

आचार्य देशभूषण! आये, मुनि भद्र बाहु मुनि सीमंधर।
महावीर कीर्ति आचार्य प्रवर, श्री विमल सिन्धु सन्मति सागर॥
गुरुवर विरागसागर जी ने, कल्याणक पंच कराये हैं।
आचार्य विभव सागर मुनि ने, दो वर्षायोग रचाये हैं॥

जिनने मेरे जीवन पथ में, आनंदामृत वरषाया है।
उनकी पूजा अर्चा करके, मेरा-समाज हरषाया है॥
मेरे जीवन के उपकारी, मैं भी कृतज्ञता धारी हूँ।
हे मल्लिनाथ भगवन् मेरे, मैं तेरा सदा पुजारी हूँ॥

दोहा

अतिशय क्षेत्र महान है, परम शांत अभिराम।
मल्लिनाथ भगवान को, बारम्बार प्रणाम॥

(पूर्णार्घं)

सोरठा

अतिशय क्षेत्र महान, सदा-सदा आते रहें।
तन से निकले प्राण, ओम् नमः रटते हुए॥

(पुष्पांजलि)

शिरडा शहापुर, 2017

अतिशय क्षेत्र पटेरिया जी पार्श्वनाथ पूजन

पार्श्वनाथ पूजा

अतिशयकारी क्षेत्र हमारा, यह पटेरिया जी।
पारस प्रभु का पावन द्वारा, यह पटेरिया जी॥
सबसे न्यारा सबको प्यारा, यह पटेरिया जी।
हृदय कमल पर सदा विराजे, यह पटेरिया जी॥

ॐ ह्रीं श्रीपटेरियाक्षेत्रस्थपार्श्वनाथ जिनेन्द्र! अत्र अवतर अवतर संवौषट् आह्वानम्। अत्र तिष्ठ-तिष्ठ ठः ठः स्थापनम्। अत्र मम सन्निहितो भव भव वषट् सन्निधिकरणम्।

जल स्वभाव ज्यों शीतलता है, नहीं उष्ण रहना।
निज स्वभाव त्यों ज्ञानमयी है, नहीं राग करना॥
वामा नंदन काटो बंधन, वंदन स्वीकारो।
हे पटेरिया वाले बाबा, हम सबको तारो॥

ॐ ह्रीं श्रीपटेरियाक्षेत्रस्थपार्श्वनाथजिनेन्द्राय जन्मजरामृत्यु विनाशनाय जलं निर्वपामिति स्वाहा।

चंदन तरुवर मेरा आतम, कर्म नाग लिपटे।
पारस पूजा रूप गरुढ़ की, ध्वनि सुन शीघ्र हटे॥
वामानंदन काटो बंधन, वंदन स्वीकारो।
हे पटेरिया वाले बाबा, हम सबको तारो॥

ॐ ह्रीं श्रीपटेरियाक्षेत्रस्थपार्श्वनाथजिनेन्द्राय संसारताप विनाशनाय चन्दनम् निर्वपामिति स्वाहा।

अक्षय गुण का स्वामी आतम, शक्ति रूप से है।
निज पद भूला आपद पाता, व्यक्ति रूप से है॥

वामानंदन काटो बंधन, वंदन स्वीकारो।
हे पटेरिया वाले बाबा, हम सबको तारो॥

ॐ ह्रीं श्रीपटेरियाक्षेत्रस्थपार्श्वनाथजिनेन्द्राय अक्षय पद प्राप्तये अक्षतान् निर्वपामिति स्वाहा।

पुष्प गन्ध ज्यों रहे पुष्प में, अन्य जगह नाहीं।
आत्म शान्ति त्यों है आतम, विषयों में नाहीं॥
वामानंदन काटो बंधन, वंदन स्वीकारो।
हे पटेरिया वाले बाबा, हम सबको तारो॥

ॐ ह्रीं श्रीपटेरियाक्षेत्रस्थपार्श्वनाथजिनेन्द्राय कामबाण विनाशनाय पुष्पं निर्वपामिति स्वाहा।

नाना विध नैवेद्य मनोहर, मन हरने वाला।
परम वैद्य मेरा आतम स्व, संवेदन वाला॥
वामानंदन काटो बंधन, वंदन स्वीकारो।
हे पटेरिया वाले बाबा, हम सबको तारो॥

ॐ ह्रीं श्रीपटेरियाक्षेत्रस्थपार्श्वनाथजिनेन्द्राय क्षुधारोग विनाशनाय नैवेद्यं निर्वपामिति स्वाहा।

दीप उजाला, थाल सजाया, आरतियाँ लाया।
जिन दीपक से निज दीपक में, ज्ञान ज्योति लाया॥
वामानंदन काटो बंधन, वंदन स्वीकारो।
हे पटेरिया वाले बाबा, हम सबको तारो॥

ॐ ह्रीं श्रीपटेरियाक्षेत्रस्थपार्श्वनाथजिनेन्द्राय मोहाधंकार विनाशनाय दीपं निर्वपामिति स्वाहा।

धूप सुगन्धित कहे न तुझको, मुझे सूँघने आ।
हे ज्ञानी! तू जैनागम का, यह रहस्य मन ला॥

वामानंदन काटो बंधन, वंदन स्वीकारो।
हे पटेरिया वाले बाबा, हम सबको तारो॥

ॐ ह्रीं श्रीपटेरियाक्षेत्रस्थपार्श्वनाथजिनेन्द्राय अष्टकर्म दहनाय धूपं निर्वपामिति स्वाहा।

फल दाता! फल करूँ समर्पित, शिवफल पाने को।
सम्यग्दर्शन ज्ञान चरण तप, व्रत अपनाने को॥
वामानंदन काटो बंधन, वंदन स्वीकारो।
हे पटेरिया वाले बाबा, हम सबको तारो॥

ॐ ह्रीं श्रीपटेरियाक्षेत्रस्थपार्श्वनाथजिनेन्द्राय मोक्षफल प्राप्तये फलं निर्वपामिति स्वाहा।

पावनता दो प्रसन्नता दो और प्रशमता दो।
जीवन पथ में समता धारूँ, ऐसी क्षमता दो॥
वामानंदन काटो बंधन, वंदन स्वीकारो।
हे पटेरिया वाले बाबा, हम सबको तारो॥

ॐ ह्रीं श्रीपटेरियाक्षेत्रस्थपार्श्वनाथजिनेन्द्राय अनर्घ्य पद प्राप्तये अर्घ्यं निर्वपामिति स्वाहा।

पंच कल्याणक

गर्भ कल्याणक

स्वर्ग विहाये, गर्भ में आये, माता हरषाये।
इन्द्र देवता, स्वर्ग लोक से, उत्सव में आये॥
आज गर्भ कल्याण मनाऊँ, पार्श्वनाथ तेरा।
जिन पूजा से सफल बनेगा, यह नरतन मेरा॥

ॐ ह्रीं वैशाखकृष्णद्वितीयायां गर्भमंगलमंडिताय श्री पार्श्वनाथजिनेन्द्राय अर्घं निर्वपामिति स्वाहा।

जन्म कल्याणक

अश्वसेन घर बजें बधइयाँ, खुशियों की बेला।
पार्श्वनाथ का जन्म हुआ है, लगा यहाँ मेला॥
आज जन्म कल्याण मनाऊँ, पार्श्वनाथ तेरा।
जिनपूजा से सफल बनेगा, यह नरतन मेरा॥

ॐ ह्रीं पौषकृष्णैकादश्यां जन्ममंगलप्राप्तये श्री पार्श्वनाथजिनेन्द्राय अर्घं निर्वपामिति स्वाहा।

दीक्षा कल्याणक

बाल ब्रह्मचारी तीर्थंकर, पार्श्वनाथ स्वामी।
महामुनीश्वर दीक्षा धारी, पार्श्वनाथ स्वामी॥
आज तपो कल्याण मनाऊँ, पार्श्वनाथ तेरा।
जिन पूजा से सफल बनेगा, यह नरतन मेरा॥

ॐ ह्रीं पौषकृष्णैकादश्यां तपोमंगलप्राप्तये श्रीपार्श्वनाथजिनेन्द्राय अर्घं निर्वपामिति स्वाहा।

ज्ञान कल्याणक

मोह नशाया, ज्ञान जगाया, तीर्थंकर स्वामी।
समवसरण देवेन्द्र रचाया, दिव्यध्वनि दानी॥
आज ज्ञान कल्याण मनाऊँ, पार्श्वनाथ तेरा।
जिन पूजा से सफल बनेगा, यह नरतन मेरा॥

ॐ ह्रीं चैत्रकृष्णचतुर्थ्यां केवलज्ञानमंडिताय श्रीपार्श्वनाथजिनेन्द्राय अर्घं निर्वपामिति स्वाहा।

मोक्ष कल्याणक

श्री सम्मेदशिखर पर जाकर, योग रोध कीना।
मुकुट सप्तमी के शुभ दिन ही, मोक्ष आप लीना॥

आज मोक्ष कल्याण मनाऊँ, पार्श्वनाथ तेरा।
जिन पूजा से सफल बनेगा, यह नरतन मेरा॥

ॐ ह्रीं श्रावण-शुक्ल सप्तम्यां मोक्षमंगलप्राप्तये श्रीपार्श्वनाथजिनेन्द्राय अर्घं निर्वपामिति स्वाहा।

जयमाला

(दोहा)

अतिशय क्षेत्र पटेरिया, के पारस भगवान।
जयमाला वर्णन करूँ, दो समतारस दान॥

(रेखता छन्द)

जिनालय दर्शन से हि मात्र, थकावट सब मिट जाती हैं।
पुण्य सम्पादन होता है, रुकावट सब हट जाती हैं॥
हर्ष वर्द्धन होता है नाथ! समस्या सब छट जाती हैं।
शारदा संस्तुति गाती है, सरस्वती स्वर प्रकटाती हैं॥ 1॥
भक्ति से नम्रीभूत है माथ, जुड़े हैं जिन भक्ति में हाथ।
कण्ठ से बाहर निकले शब्द, स्वयं संस्तव बन जाते नाथ!
मिली हैं खुशियाँ अपरम्पार, बताता रोम-रोम रोमांच।
बहे आनन्द स्रोत अविरल, रहा न कष्ट मुझे अब रंच॥ 2॥
अहो यह चंचल मन जिनराज! हुआ है जिनभक्ति में लीन।
आज तो पंच इन्द्रियाँ नाथ! हुईं हैं स्वतः आत्माधीन॥
सहज शुद्धि हुई योगों की, मिटे जब मन वच तन के रोग।
अर्चना करके पारसनाथ! हुआ है यह निर्मल उपयोग॥ 3॥
विवेकी मानव ही जग में, आप सम वह गुण पाने को।
नमन वंदन संस्तव करते, आप सा पथ अपनाने को॥

बाह्य विषयों को तजकर नाथ! आपको विषय बनाते हैं।
आपकी सेवाओं का फल, सिद्ध पद में वे पाते हैं॥ 4॥
अहो यह विद्या का आलय, समझ विद्यार्थी आते हैं।
अहो यह श्रद्धा का आलय, समझ श्रद्धार्थी आते हैं॥
अहो यह आत्मा का आलय, समझ आत्मार्थी आते हैं।
अहो यह समवसरण सचमुच! समझ धर्मार्थी आते हैं॥ 5॥
प्रभु के सुंदर चरण जहाज, अरे पाकर के जग के जीव।
पार हो जाते यह संसार, पार पाना जो कठिन अतीव॥
सहज, आनन्द निकेतन आप, श्रीमद् चिदानंद भगवान।
आपकी चरण अर्चना से, करूँ मैं निजानंद रसपान॥ 6॥
आपकी अमृतवाणी सुन, मोह विष हो जाता है शान्त।
आपकी शान्त छवि लखकर, हुआ मन निर्विकल्प विश्रान्त॥
आप संतोष देहधारी, करो अब पाप ताप के खण्ड।
आपकी भक्ति, वंदना से, प्राप्त हो गुण सम्यक्त्व अखण्ड॥ 7॥
आपको सिद्धालय में नाथ, राजते जो सुख मिलता है।
आपके चरणों में आकर, मुझे भी वह सुख मिलता है॥
अहो सिद्धालय मैं भगवान, आपको जौ लौं रहना है।
आपके चरणालय भगवान, मुझे भी तौं लौं रहना है॥ 8॥
आपके आनन पर भगवान, समाया वीतराग विज्ञान।
आपके नयन युगल अनिमेष, कराते दोनों नय का ज्ञान॥
आप कृतकृत्य हुए जिनराज, बताती मुद्रा पद्मासन।
आप अब आकर के भगवान्! विराजो मेरे हृदयासन॥ 9॥
चरण उनके हैं दोनों धन्य, चला आया जो तेरे पास।
हृदय उनका है सचमुच धन्य, हृदय में जिनके तेरा वास॥

हाथ उनके हैं दोनों धन्य, किया जिनने तेरा अभिषेक।
माथ उनका है जग में धन्य, विनय का जागा जिन्हें विवेक।।10।।
नमन अरिहंत देव तुमको! नमन हो सिद्धि प्रिया स्वामी।
नमन हे वीतराग तुमको! नमन हो अखिल विश्व ज्ञानी।।
नमन हित उपदेशी तुमको! नमन हो इष्टदेव मेरे।
नमन हो अतिशयकारी देव! नमन हो श्रेष्ठ देव मेरे।। 11।।
तीव्र वैराग्य उमड़ते ही, पुरुष ज्यों दीक्षा को जाता।
पुजारी पूजा को त्यों नाथ, प्रभाती बेला में आता।।
अहो तीरथ पटेरिया जी! जगत में अतिशयकारी धाम।
प्रभुवर पार्श्वनाथ तुमको, हमारा लाखों बार प्रणाम।। 12।।
यहाँ का सुन्दर सा इतिहास, तुम्हारे लिए बताता हूँ।
यहाँ की अतिशय गाथा सुन, प्रेरणाएँ मैं पाता हूँ।।
नगर का हृदयनगर था नाम, नगर का हृदय बना जिनधाम।
हृदय में सबके है भगवान, आपका प्यारा पारस नाम।। 13।।
यहाँ के दानपति श्रीमान्, राधा किसुनचंद्र जी शाह।
कमाया जिनने बस ईमान, चले जो जैनधर्म की राह।।
रुई की व्यापारी थे आप, रुचि से करते थे व्यापार।
मुनाफा एक दिवस की पा, हुआ है यह मंदिर तैयार।। 14।।
हुईं जिनबिम्ब प्रतिष्ठाएँ, पंचकल्याणक आयोजन।
साथ में गजरथ फेरी भी, तथा सबका पंगत भोजन।।
दो सौ तीस वर्ष प्राचीन, अहो यह जिनमंदिर अभिराम।
देवगण पूजन को आते, जागता जब-जब भाव महान।। 15।।
कहाया घुनघुनिया मंदिर, सुनी जब घुन-घुन की आवाज।
किया देवों ने खुद अभिषेक, यहाँ पर छुपा हुआ यह राज।।

आपकी तीनों प्रतिमाएँ, अगर दे तीन रतन का दान।
भला मुझको फिर क्या है देर, बनूँ मैं जल्दी से भगवान॥ 16॥

(दोहा)

नयनों में छवि आपकी, अन्तर्मन में ध्यान।
अब निश्चित हो जायेगा, निज आतम कल्याण॥ 17॥

ॐ ह्रीं श्रीपार्श्वनाथजिनेन्द्राय जयमाला पूर्णार्घ्यं निर्वपामीति स्वाहा।

(दोहा)

नयन बोलते आपके, मुख न बोले बोल।
विश्व धरा पर आप हो, प्रभु कितने अनमोल॥ 18॥

(पुष्पांजलि)

पटेरियाजी, 2011

गुरु पूजन

मेरे इस चेतन मंदिर के, हे चैतन्य प्रभु ।
मेरे जिनवर! मेरे गणधर! मेरे परम गुरु॥
रहो विराजे हृदय कमल पर, गुरुवर तुम ऐसे।
जैसे श्रद्धा समागयी हो, आतम में वैसे॥

ॐ ह्रूं णमो आयरियाणंश्रीमद् आचार्य परमेष्ठी विरागसागर मुनिवर! अत्र अवतर-अवतर संवौषट् आह्वाननम्। अत्र तिष्ठ-तिष्ठ ठः ठः स्थापनम्। अत्र मम सन्निहितो भव-भव वषट् सन्निधिकरणम्।

गुरुश्रद्धा संयम से प्राणी, भवसागर तिरता।
वचनामृत की सर्वोषधि पा, जन्म-मरण हरता॥
गंगा जल गंधोदक बनता, गुरु चरणा छूके।
मेरे गुरुवर परम दिगम्बर, धरती पर ऐसे॥

ॐ ह्रूं णमो आयरियाणं श्रीमद् आचार्य परमेष्ठी विरागसागर मुनिवरेभ्यो जन्म जरा मृत्यु विनाशनाय जलं निर्वपामिति स्वाहा।

चंदन मन वन्दन को आया, भाव सुगन्धी ले।
श्रमण वाटिका को महकाया, परम सन्निधि दे॥
भव्यों के भवताप मिटाते, चारित चंदन से।
मेरे गुरुवर परम दिगम्बर, धरती पर ऐसे॥

ॐ ह्रूं णमो आयरियाणं श्रीमद् आचार्य परमेष्ठी विरागसागर मुनिवरेभ्यः संसार ताप विनाशनाय चन्दनम् निर्वपामिति स्वाहा।

धवल-धवल अक्षत ले आया, धवल भावनायें।
अक्षत सा उज्ज्वल हो जीवन, धवल साधनायें॥
अक्षय पद गुरुदेव दिलायें, रत्नत्रय पद से।
मेरे गुरुवर परम दिगम्बर, धरती पर ऐसे॥

ॐ ह्रूं णमो आयरियाणं श्रीमद् आचार्य परमेष्ठी विरागसागर मुनिवरेभ्यो अक्षय पद प्राप्तये अक्षतान् निर्वपामिति स्वाहा।

अन्तर्मन यह सुमन बनाया, गुरुवरजी तुमने।
सुमन भाव से सुमन संजोया, गुरुवर जी हमने॥
महक रहे हैं शिष्य आपके, निज विरागता से।
मेरे गुरुवर परम दिगम्बर, धरती पर ऐसे॥

ॐ ह्रूं णमो आयरियाणं श्रीमद् आचार्य परमेष्ठी विरागसागर मुनिवरेभ्यो कामबाण विनाशनाय पुष्पं निर्वपामिति स्वाहा।

मैं रोगी हूँ आप वैद्य हो, चर्या औषधि है।
सर्व रोग के नाश करन को, श्रुत परमौषधि है॥
शिष्य शोभते गुरुवर तुमसे, ज्यों अक्षर स्वर से।
मेरे गुरुवर परम दिगम्बर, धरती पर ऐसे॥

ॐ ह्रूं णमो आयरियाणं श्रीमद् आचार्य परमेष्ठी विरागसागर मुनिवरेभ्यो क्षुधा रोग विनाशनाय नैवेद्यं निर्वपामिति स्वाहा।

ज्ञान सुधारस मुझे पिलाया, प्रवचन प्याली से।
ज्ञानदीप जल रहे हृदय में, आज दिवाली से॥
ज्योतिर्मय जीवन रहता है, गुरु पद दीपक से।
मेरे गुरुवर परम दिगम्बर, धरती पर ऐसे॥

ॐ ह्रूं णमो आयरियाणं श्रीमद् आचार्य परमेष्ठी विरागसागर मुनिवरेभ्यो मोहाधंकार विनाशनाय दीपं निर्वपामिति स्वाहा।

जीव जुदा है कर्म जुदा है, दिव्य दृष्टि ऐसी।
एकमेक हो रहे सदा से, मोह सृष्टि कैसी॥
भेदज्ञान कौशल सिखलाया, उपदेशामृत से।
मेरे गुरुवर परम दिगम्बर, धरती पर ऐसे॥

ॐ ह्रूं णमो आयरियाणं श्रीमद् आचार्य परमेष्ठी विरागसागर मुनिवरेभ्यो अष्टकर्म दहनाय धूपं निर्वपामिति स्वाहा।

नर तन का फल व्रत धारण है, वह फल मुझे फले।
गुरुपूजा ही मुझको देगी, यह फल भले-भले॥
सदा सफलता देने वाले, आत्म साधना से।
मेरे गुरुवर परम दिगम्बर, धरती पर ऐसे॥

ॐ ह्रूं णमो आयरियाणं श्रीमद् आचार्य परमेष्ठी विरागसागर मुनिवरेभ्यो मोक्षफल प्राप्तये फलं निर्वपामिति स्वाहा।

गुरुवर गणधर देव हमारे, गुरु तीर्थंकर हो।
गुरु आदीश्वर महावीर हो, गुरु क्षेमंकर हो॥
दो अनर्घ्य पद गुरुवर मेरे, शुद्ध चेतना से।
मेरे गुरुवर परम दिगम्बर, धरती पर ऐसे॥

ॐ ह्रूं णमो आयरियाणं श्रीमद् आचार्य परमेष्ठी विरागसागर मुनिवरेभ्यो अनर्घ्य पद प्राप्तये अर्घ्यं निर्वपामिति स्वाहा।

जयमाला

दोहा - जयमाला गुरुदेव की, सम्यग्दर्शन माल।
ज्ञान चरित तप माल यह, सर्वोत्तम गुणमाल॥

गुरुवर गणधर देव हैं, गुरु तीर्थंकर देव।
गुरुवर ही श्रुतदेव हैं, जय जय जय गुरुदेव॥ 1॥
गुरु आज्ञा तप त्याग है, गुरु आज्ञा वैराग्य।
गुरु आज्ञा ही शिष्य के, जीवन का सौभाग्य॥ 2॥
गुरु मिलते गुण मिल गये, गुरु मिलते श्रुतज्ञान।
गुरु मिलते ही मिल गये, भीतर में भगवान॥ 3॥
गुणदाता गुरुदेव हैं, श्रुतदाता गुरुदेव।
सुखदाता गुरुदेव हैं, शिवदाता गुरुदेव॥ 4॥

शिष्य शून्य गुरु अंक हैं, आगे-पीछे देख।
अंक बाद यदि शून्य हैं, गणना अगणित लेख॥ 5॥
अंक पास यदि शून्य हो, होता गुणित महत्त्व।
अंक रहित सौ शून्य का, व्यर्थ रहे अस्तित्त्व॥ 6॥
गुरु सेवा नवमांक हो, गुरु अक्षय गुण अंक।
गुरु कृपा मिलती रहे, मिलें पूर्ण प्राप्तांक॥ 7॥
गुरु मात गुरु तात हैं, गुरु तरुवर हम पात।
जुड़े तो शोभा पात हैं, टूटे तो गिर जात॥ 8॥
लौकिक पूजा लाभ वश, गुरु सेवा मत छोड़।
धागा पाने के लिए, रत्नहार मत तोड़॥ 9॥
गुरु पूजा कर चाह मत, लौकिक दैहिक स्वार्थ।
चंदन वन मत काटिये, कौंदो पाने अर्थ॥ 10॥
रत्न बदल मत छाँछ ले, रत्न जला मत राख।
तप बदले मत भोग ले, सीख सदा यह राख॥ 11॥
जग तज गुरु भज सीख लूँ, गुरु से आतम ज्ञान।
शिष्य बनूँ गुरुदेव का, करूँ आत्म कल्याण॥ 12॥
धन्य साधना आपकी, धन्य तपस्या त्याग।
धन्य धन्य गुरुदेव हे, दे दो विभव विराग॥ 13॥

ॐ ह्रूं णमो आयरियाणं श्रीमद् आचार्य परमेष्ठी विरागसागर मुनिवरेभ्यो जयमाला अनर्घ्य पद प्राप्तये अर्घ्यं निर्वपामिति स्वाहा।

गुरुवर सम्यग्दर्श दो, गुरुवर सम्यग्ज्ञान।
गुरु सम्यक् चारित्र दो, गुरुवर दो निर्वाण॥ 14॥

(पुष्पाञ्जलि)

पटेरियाजी - 2012

निर्ग्रन्थ गुरु पूजन

चैतन्य चमत्कारी बाबा! तुम चिदानंद चिद्रूपी हो।
शुद्धात्म तत्त्व के आराधक! तुम निजानंद निजरूपी हो॥
समरसी भाव में लीन सदा, निष्पृह योगी! शिवगामी हो।
हे जिनशासन के उज्ज्वल ध्वज! तुम दिग् दिगंत अभिरामी हो॥
न अरिहंतों का समवसरण, न देखी हमने सिद्धशिला।
यह सभा आपकी समवसरण, यह ध्यान शिला ही सिद्धशिला॥
हे गुरुवर! हमें प्रसन्न करो, अब और अधिक न तरसाओ।
मेरे जीवन के प्राण आप, प्राणों में आप समा जाओ॥

ॐ ह्रूं णमो आइरियाणं श्रीमद् आचार्य परमेष्ठी विशुद्धसागर मुनिवर! अत्र अवतर-अवतर संवौषट् आह्वाननम्! अत्र तिष्ठ-तिष्ठ ठः ठः स्थापनम्। अत्र मम सन्निहितो भव भव वषट् सन्निधिकरणम्।

चारित्र हिमालय से निर्झर, यह सम्यग्ज्ञान सुगंगा है।
जो शीतल निर्मल वाणी दे, करती रहती मन चंगा है॥
मैं जन्म जरा का रोगी हूँ, तुम उत्तम वैद्य कहाते हो।
निज ज्ञानमयी औषधियाँ दे, सब जग के रोग मिटाते हो॥

ॐ ह्रूं णमो आइरियाणं श्रीमद् आचार्य परमेष्ठी विशुद्धसागर मुनिवरेभ्यो जन्म जरा मृत्यु विनाशनाय जलं निर्वपामीति स्वाहा।

मलयागिरि चंदन सम शीतल, हैं आप सुगंधित भूतल पर।
गुरु भक्त भ्रमर मंडराते हैं, तेरी चर्या पर झुक-झुक कर॥
उपसर्गों के विषधर लिपटे, विषपान किया, अमृत सींचा।
ऐसे अमृत वरषायी की, करता है जग चंदन पूजा॥

ॐ ह्रूं णमो आइरियाणं श्रीमद् आचार्य परमेष्ठी विशुद्धसागर मुनिवरेभ्यः संसार ताप विनाशनाय चन्दनं निर्वपामीति स्वाहा।

ख्याती पूजा से क्या लेना, क्या नाम चित्र संरचना से।
जो समयसार में नित रमते, क्या काम करें जग रचना के॥
है भक्त कामना एक आप, अक्षय ख्याती भंडार बनो।
अरिहंत बनो या सिद्ध बनो, मेरे शिवपथ आधार बनो॥

ॐ ह्रूं णमो आइरियाणं श्रीमद् आचार्य परमेष्ठी विशुद्धसागर मुनिवरेभ्यो अक्षयपद प्राप्तयेऽक्षतान् निर्वपामीति स्वाहा।

चैतन्य वाटिका में सुरभित, चुनकर अध्यात्म प्रसून लिए।
तब महक उठी प्रवचन बगिया, अध्यात्म रसिक रसपान किए॥
जिनधर्म का सौरभ फैल रहा, सब दिग्-दिगन्त धरती अम्बर।
अर्पित करता सुमनावलियाँ, हे परम पूज्य मेरे गुरुवर॥

ॐ ह्रूं णमो आइरियाणं श्रीमद् आचार्य परमेष्ठी विशुद्धसागर मुनिवरेभ्यः कामबाण विनाशनाय पुष्पं निर्वपामीति स्वाहा।

निजज्ञान ध्यान वैराग्य सहज, अरु स्वानुभूति में रचे-पचे।
नित निजानंद चैतन्यमयी, अध्यात्म रसों में रसे-रचे॥
चैतन्य रसों का मिश्रण कर, निज मन नैवेद्य बनाया है।
भव-भव की क्षुधा मिटाने को, गुरु पद नैवेद्य चढ़ाया है॥

ॐ ह्रूं णमो आइरियाणं श्रीमद् आचार्य परमेष्ठी विशुद्धसागर मुनिवरेभ्यः क्षुधा रोग विनाशनाय नैवेद्य निर्वपामीति स्वाहा।

मेरा प्रिय सम्यग्दर्शन यह, मैं चेतन दीप जलाता हूँ।
कर्मों की काली रजनी को, समकित से दूर भगाता हूँ॥
सम्यक् श्रद्धा से आलोकित, गुरु गुण आरतियाँ गाता हूँ।
निर्ग्रन्थों की आरतियाँ कर, निर्ग्रन्थ भावना भाता हूँ॥

ॐ ह्रूं णमो आइरियाणं श्रीमद् आचार्य परमेष्ठी विशुद्धसागर मुनिवरेभ्यो मोहांधकार विनाशनाय दीपं निर्वपामीति स्वाहा।

शुद्धात्म ध्यान की ज्वाला में, कर्मों की धूप जलाते हो।
पल-पल, छिन-छिन, निशदिन, सम्यक् शुद्धोपयोग ही ध्याते हो॥
तुम महाहवी यह महायज्ञ! निज कर्मों को स्वाहा कर लूँ।
मैं अशरीरी अविनाशी सुख, निज सिद्ध अवस्था को वर लूँ॥

ॐ ह्रूं णमो आइरियाणं श्रीमद् आचार्य परमेष्ठी विशुद्धसागर मुनिवरेभ्यो अष्ट कर्म दहनाय धूपं निर्वपामीति स्वाहा।

यह नर तन का फल रत्नत्रय, हो धन्य भाग्य तुमने पाया।
रत्नत्रय का फल शिवफल है, वह बीज हृदय में उग आया॥
मेरा श्रावक कुल धन्य हुआ, अरु धन्य हुई नर काया।
पूजा कर रत्नत्रय पाऊँ, शिवफल पाने मन ललचाया॥

ॐ ह्रूं णमो आइरियाणं श्रीमद् आचार्य परमेष्ठी विशुद्धसागर मुनिवरेभ्यो मोक्षफल प्राप्तये फलं निर्वपामीति स्वाहा ।

चैतन्य तीर्थ के निर्माता, तुम भगवत्ता बतलाते हो।
मेरा भगवन ही मुझमें है, शाश्वत सत्ता बतलाते हो॥
आ गया काल फिर से चौथा, या फिर बसंत लहराया है।
निर्ग्रन्थ दिगम्बर मुद्रा में, यह शुद्ध संत अब पाया है॥
तन से विशुद्ध मन से विशुद्ध, चेतन विशुद्ध करने वाले।
मन के विशुद्ध संचारों से, जग विपदाएँ हरने वाले॥
तुम हो अनर्घ, चर्या अनर्घ, चर्चा अनर्घ मंगलकारी।
मैं अर्घ चढ़ाता हूँ तुमको, तुम तीर्थङ्कर सम उपकारी॥

ॐ ह्रूं णमो आइरियाणं श्रीमद् आचार्य परमेष्ठी विशुद्धसागर मुनिवरेभ्यो अनर्घ पद प्राप्तये अर्घ निर्वपामीति स्वाहा ।

जयमाला

दोहा

तुमको पाकर हो गया, भारतवर्ष निहाल।
रत्नत्रय चिंतामणी, गाऊँ मैं जयमाल॥

चैतन्य धातु से निर्मित हो, क्या मात-पिता का नाम कहूँ।
शुद्धात्म प्रदेशों में जन्मे, क्या नगर-शहर क्या ग्राम कहूँ॥
दशलक्षण धर्म सहोदर है, रत्नत्रय मित्र निराला है।
समता बहिना राखी बाँधे, अनुप्रेक्षा माँ ने पाला है॥ 1॥
यौवन की देहली पर आते, दीक्षा कन्या से ब्याह रचा।
निर्ग्रन्थ दिगम्बर मुद्राधर, अपनाया मुक्ति पथ सच्चा॥
हो भाव शुद्धि के विमल केन्द्र, हो स्वानुभूति के निजाधार।
हे संस्कृति के अलंकार! चैतन्य कल्पतरू सुखाधार॥ 2॥
तुम पंच-समितियाँ त्रय-गुप्ति शुद्धात्मलीन हो पाल रहे।
श्रुतज्ञान और वैराग्य प्रबल, सब संघ इसी में ढाल रहे॥
जो महापुरुष द्वारा धारित, उन महाव्रतों को धारा है।
निज भेदज्ञान पौरुष बल से, खोला मुक्ति का द्वारा है॥ 3॥
चर्या के निर्मल स्त्रोतों से, संज्ञान के निर्झर फूट पड़े।
जन्मों के ज्ञान पिपासु जन, इसलिए एक दम टूट पड़े॥
व्रतशील शुद्ध आचरण बिना, शुद्धात्म तत्त्व ना मिलता है।
दिनकर के बिना दिवस क्या हो, सर में पंकज क्या खिलता है॥4॥
जो चलते पर भी नहीं चलें, जो और बोलते ना बोलें।
जो सदा देखते ना देखे, निज में इतने निश्चल होलें॥
है स्वजातीय सम्बन्ध मधुर, शुद्धातम का शुद्धातम से।
एकाग्रचित्त हो जहाँ कहीं, बातें कर लें सिद्धातम से॥ 5॥

पुरुषार्थ परायण परमवीर, हो मुक्ति राज्य के अधिकारी।
मैत्री प्रमोद करुणाधारी, हो उभय लोक मंगलकारी॥
हे निर्विकार! निर्द्वन्द! नमन, हे निरालंब! निर्ग्रन्थ नमन।
निर्भय! निराग! निर्लेप! नमन, निर्दोष दिगम्बर सन्त नमन॥6॥
तुम पंचाचार परायण हो, तुम पंचेन्द्रिय गज के जेता।
गम्भीर धीर हे शूरवीर! चारित्र दक्ष शिवपथ नेता!
चारित्र बिना दृग्बोध विफल, कोठे में बीज रखे सम हैं।
जो जितनी उज्ज्वलता पाले, उतना निर्वाण निकटतम है॥7॥
शम दम यम नियम निकेतन है, अविचल अखण्ड अद्वैत रूप।
हो रत्नत्रय से आभूषित, आचार्य श्रेष्ठ आचार भूप॥
मैं भक्तित्रय योगत्रय से, त्रयकालों तीन विधानों से।
भव भेदक! साधक सूरि प्रवर, नमता समकित श्रद्धानों से॥8॥
गुरु यमी! यत्न करते रहते, निज समय नियम प्रकाशक हो।
जो हमें यातनाएँ देता, उस यम के आप विनाशक हो॥
हो कर्म वृक्ष के उच्छेदक, तुम कर्मलोंच करते रहते।
फिर भी इस भोली जनता को, केवल कचलोंच दिखा करते॥9॥
गुरु अहो! अयाचक धन्य तुम्हें, तुम कुछ भी माँग नहीं करते।
निर्वाण सुन्दरी की सुन्दर, भावों से माँग भरा करते॥
यह ब्रह्मचर्य की निर्मलता, लौकान्तिक देव नमन करते।
वैराग्य दिवस पर कब आयें, बस इतनी चाह किया करते॥10॥
यह धन्य आपकी जिनमुद्रा, यह धन्य-धन्य निर्ग्रन्थ दशा।
मुनि नाम आलौकिक जिनचर्या, जो प्रकटाती अरिहंत दशा॥
तुम चलते-फिरते मोक्षमार्ग, गन्तव्य ओर बढ़ते जाते।
तुम कदम जहाँ पर रख देते, चैतन्य तीर्थ गढ़ते जाते॥ 11॥

निर्ग्रन्थ साधु की यह पूजा, सच में रत्नत्रय पूजा है।
ना ख्याति नाम की यह पूजा, ना ख्याति नाम को पूजा है॥
हैं तीन ऊन नव कोटि मुनि, जिनके समान ना दूजा है।
अरिहंत प्रभु के बीज रूप, शिवपथ पंथी की पूजा है॥ 12॥

दोहा

गुरु पूजा में आ गये, जग के सब मुनिराज।
कोटि-कोटि पूजा करूँ, पाऊँ मुनिपद आज॥
गुरु निर्ग्रन्थ महान् हैं, गुरु अरिहंत समान।
गुरुवर ही भगवान् हैं, गुरुवर क्षमा निधान॥

ॐ ह्रूं णमो आइरियाणं श्रीमद् आचार्य परमेष्ठी विशुद्धसागर मुनिवरेभ्यो जयमाल पूर्णार्घं निर्वपामीति स्वाहा।

गुरुवर सम्यग्दर्श दो, गुरुवर सम्यग्ज्ञान।
गुरु सम्यक् चारित्र दो, गुरुवर दो निर्वाण॥

इत्याशीर्वादं पुष्पांजलिं क्षिपेत्।

द्रोणगिरि - 2009

आचार्य विभवसागर पूजन

– अखिलेश शास्त्री

आचार्यवर! श्री विभव सागर, आन मेरे मन बसो।
तव चरण पूजा करत गुरुवर, कर्म मेरे सब नसो॥
हम करत हैं वन्दन तुम्हारा, आइये अब तिष्ठिये।
तुम हो जगत के नाथ गुरुवर, सन्निकट मेरे हिये॥

ॐ ह्रूं णमो आइरियाणं श्रीमद् आचार्य परमेष्ठी विभवसागर मुनिवरेभ्यो अत्र अवतर अवतर संवौषट् आह्वाननम्! अत्र तिष्ठ-तिष्ठ ठः ठः स्थापनम्। अत्र मम सन्निहितो भव-भव वषट् सन्निधिकरणम्।

नीर प्रासुक लिया, रत्न झारी भरा।
चरण त्रय धारकर, हर्ष भारी हुआ॥
हे विभव सागरम्, भव दुःख तारणं।
आपके चरण नमों, सर्व सुख कारणं॥

ॐ ह्रूं णमो आइरियाणं श्रीमद् आचार्य परमेष्ठी विभवसागर मुनिवरेभ्यो जन्म जरा मृत्यु विनाशनाय जलं निर्वपामीति स्वाहा।

ताप संताप से, नाथ परेशान हूँ।
चरण चन्दन चढ़ा, धन्य भाग्यवान हूँ॥
हे विभव सागरम्, भव दुःख तारणं।
आपके चरण नमों, सर्व सुख कारणं॥

ॐ ह्रूं णमो आइरियाणं श्रीमद् आचार्य परमेष्ठी विभवसागर मुनिवरेभ्यः संसार ताप विनाशनाय चन्दनं निर्वपामीति स्वाहा।

साधु भक्ति भाव हो, अक्षतान लायके।
अक्ष प्रीति मिले, माथ पद नायके॥

हे विभव सागरम्, भव दुःख तारणं।
आपके चरण नमों, सर्व सुख कारणं॥

ॐ ह्रूं णमो आइरियाणं श्रीमद् आचार्य परमेष्ठी विभवसागर मुनिवरेभ्यो अक्षयपद प्राप्तयेऽक्षतान् निर्वपामीति स्वाहा।

साधना के फूल से, काम को मैं हरूँ।
ब्रह्म भाव धारकर, मोक्ष लक्ष्मी वरूँ॥
हे विभव सागरम्, भव दुःख तारणं।
आपके चरण नमों, सर्व सुख कारणं॥

ॐ ह्रूं णमो आइरियाणं श्रीमद् आचार्य परमेष्ठी विभवसागर मुनिवरेभ्यः कामबाण विनाशनाय पुष्पं निर्वपामीति स्वाहा।

कई व्यंजन सरस, घृत मे पका लिये।
क्षुधारोग नाशने, चरण आपके दिये॥
हे विभव सागरम्, भव दुःख तारणं।
आपके चरण नमों, सर्व सुख कारणं॥

ॐ ह्रूं णमो आइरियाणं श्रीमद् आचार्य परमेष्ठी विभवसागर मुनिवरेभ्यः क्षुधा रोग विनाशनाय नैवेद्यं निर्वपामीति स्वाहा।

अंतरंग दीप से, विमल ज्ञान पा लिया।
विराग भाव धारकर,विभवपद पा लिया॥
हे विभव सागरम्, भव दुःख तारणं।
आपके चरण नमों, सर्व सुख कारणं॥

ॐ ह्रूं णमो आइरियाणं श्रीमद् आचार्य परमेष्ठी विभवसागर मुनिवरेभ्यो मोहाधकार विनाशनाय दीपं निर्वपामीति स्वाहा।

धूप कर लेय के, कर्म को जलाइए।
गुरुचरण आईये, अष्ट गुण पाइए॥
हे विभव सागरम्, भव दुःख तारणं।
आपके चरण नमों, सर्व सुख कारणं॥

ॐ ह्रूं णमो आइरियाणं श्रीमद् आचार्य परमेष्ठी विभवसागर मुनिवरेभ्यो अष्ट कर्म दहनाय धूपं निर्वपामीति स्वाहा।

दाता है आप सा, तो खूब माँग लीजिये।
मोक्ष फल के सिवा, कुछ न मुझे चाहिए॥
हे विभव सागरम्, भव दुःख तारणं।
आपके चरण नमों, सर्व सुख कारणं॥

ॐ ह्रूं णमो आइरियाणं श्रीमद् आचार्य परमेष्ठी विभवसागर मुनिवरेभ्यो मोक्षफल प्राप्तये फलं निर्वपामीति स्वाहा।

नीरगंधादि अष्ट द्रव्य कर सजाये हैं।
पद अनर्घ्य के लिये,बीज हमने बोये हैं॥
हे विभव सागरम्, भव दुःख तारणं।
आपके चरण नमों, सर्व सुख कारणं॥

ॐ ह्रूं णमो आइरियाणं श्रीमद् आचार्य परमेष्ठी विभवसागर मुनिवरेभ्यो अनर्घ पद प्राप्तये अर्घं निर्वपामीति स्वाहा।

जयमाला

हे विभव सागर जी तुमको, शत्-शत् नमन हमारा।
नव प्रभात है नव आतम का, है ये उदय हमारा॥
बोलो गुरुदेव की जय-बोलो...
यौवन के उपवन को गुरु ने, संयम से महकाया।
आज लगा है ऐसा जैसे, वीर धरा पर आया॥

किसनपुरानगरी में जन्में, जग जनता को प्यारा।
नव प्रभात है नव आतम का, है ये उदय हमारा॥

बोलो गुरुदेव की जय बोलो...

लखमीचन्द्र जी पिता तुम्हारे, माता गुलाब बाई।
जब दीक्षा ली थी गुरुवर ने, जग में खुशी समाई॥
त्याग तपस्या से बन गये हैं, सबकी आँख का तारा।
नव प्रभात है नव आतम का, है ये उदय हमारा॥

बोलो गुरुदेव की जय बोलो...

दीपोत्सव की मंगल बेला, जन्म आपने पाया।
गुरु विराग सिन्धु से मिलकर, जीवन सफल बनाया॥
ज्ञान और वैराग्य दीप से, फैला जग उजियारा।
नव प्रभात है नव आतम का, है ये उदय हमारा॥

बोलो गुरुदेव की जय बोलो...

वीर जयंती वीर प्रभु की, आचार्य पद गुरुवर का।
मोक्ष मार्ग पर हमें चलाते, मंगल पथ शिवपुर का॥
हे "अखिलेश्वर" हमें खोल दो, मुक्ति पथ का द्वारा।
नव प्रभात है नव आतम का, है ये उदय हमारा॥

बोलो गुरुदेव की जय बोलो...

ॐ ह्रूं णमो आइरियाणं श्रीमद् आचार्य परमेष्ठी विभवसागर मुनिवरेभ्यो जयमाला पूर्णार्घं निर्वपामीति स्वाहा।

भव सागर से तार दो, देकर धर्म जहाज।
शुभाशीष दे दीजिये, विभव सागर महाराज॥

इत्याशीर्वादं पुष्पांजलिं क्षिपेत्।

गुरु पूजन-1

साधुराज आइए, सु-साधुराज आइए।
मुक्तिपंथ पे चलूँ, सुपंथ में लगाइए॥
वीतराग सन्त आप, वीतरागता भरें।
पूज्यपाद पूजने, सुभक्त अर्चना करें॥

ॐ ह्रूं णमो आइरियाणं श्रीमद् आचार्य परमेष्ठी विभवसागर मुनिवर! अत्र अवतर अवतर संवौषट् आह्वाननम्! अत्र तिष्ठ-तिष्ठ ठः ठः स्थापनम्। अत्र मम सन्निहितो भव-भव वषट् सन्निधिकरणम्।

ज्ञान ध्यान लीन आप, पंच पाप हीन हो।
गंगनीर के समान, शुद्ध स्वात्मलीन हो॥
वीतराग ...

ॐ ह्रूं णमो आइरियाणं श्रीमद् आचार्य परमेष्ठी मुनिवरेभ्यो जन्म जरा मृत्यु विनाशनाय जलं निर्वपामीति स्वाहा।

कीर्ति गंध आपकी, दशों दिशा फैल रही।
कान-कान जायके, सुधा-सुधा घोल रही॥
वीतराग ...

ॐ ह्रूं णमो आइरियाणं श्रीमद् आचार्य परमेष्ठी मुनिवरेभ्यः संसार ताप विनाशनाय चन्दनं निर्वपामीति स्वाहा।

शुक्ल ध्यान के समान, शुक्ल शालि तंदुलम्।
शुक्ल ध्यान पावने, विशुद्ध भाव पूजनम्॥
वीतराग ...

ॐ ह्रूं णमो आइरियाणं श्रीमद् आचार्य परमेष्ठी मुनिवरेभ्यो अक्षयपद प्राप्तयेऽक्षतान् निर्वपामीति स्वाहा।

फूल हैं खिले-खिले, विनम्र भाव में पले।
फूल से ही भक्तराज, भक्ति में रले-पिले॥
वीतराग सन्त आप वीतरागता भरें।
पूज्यपाद पूजने सुभक्त अर्चना करें॥

ॐ ह्रूं णमो आइरियाणं श्रीमद् आचार्य परमेष्ठी मुनिवरेभ्य: कामबाण विनाशनाय पुष्पं निर्वपामीति स्वाहा।

भूख रोग के समान, सर्व पाप खान है।
अर्चना मुनीन्द्र को, अमोघ ही निदान है॥

वीतराग ...

ॐ ह्रूं णमो आइरियाणं श्रीमद् आचार्य परमेष्ठी मुनिवरेभ्य: क्षुधारोग विनाशनाय नैवेद्यं निर्वपामीति स्वाहा।

ज्ञान दीप आप हो, सु-ज्ञान का प्रकाश दो।
पाप अंधकार नाश, चेतना विकास दो॥

वीतराग ...

ॐ ह्रूं णमो आइरियाणं श्रीमद् आचार्य परमेष्ठी मुनिवरेभ्यो मोहांधकार विनाशनाय दीपं निर्वपामीति स्वाहा।

धूप आग में जले, सुधूम ऊपरी चले।
भव्य जीव आय हैं, सुपूज कर्म ये जले॥

वीतराग ...

ॐ ह्रूं णमो आइरियाणं श्रीमद् आचार्य परमेष्ठी मुनिवरेभ्यो अष्ट कर्म दहनाय धूपं निर्वपामीति स्वाहा।

श्री फलादि शोभितं, अनार आम्र मोहितं।
लाइए इलायची, सुमोक्ष मंगलीकरम्॥

वीतराग सन्त आप वीतरागता भरें।
पूज्यपाद पूजने सुभक्त अर्चना करें॥

ॐ ह्रूं णमो आइरियाणं श्रीमद् आचार्य परमेष्ठी मुनिवरेभ्यो मोक्षफल प्राप्तये फलं निर्वपामीति स्वाहा ।

तीन ऊन कोटि नौ मुनीश-पाद शीष नाय।
अष्ट द्रव्य को मिलाय, अर्घ्य भाव से चढ़ाय॥
वीतराग सन्त आप वीतरागता भरें।
पूज्यपाद पूजने सुभक्त अर्चना करें॥

ॐ ह्रूं णमो आइरियाणं श्रीमद् आचार्य परमेष्ठी मुनिवरेभ्यो अनर्घ पद प्राप्तये अर्घं निर्वपामीति स्वाहा ।

जयमाला

झुका लिया अपने चरणों में, इन्द्रों के माथा।
उन मुनियों के तपश्चरण की, गाऊँ मैं गाथा॥

चरित धर्म की ध्वज फहराते, रत्नत्रयधारी।
परम दिगम्बर साधु हमारे, अनुपम अविकारी॥
जिनके चरणों की रजकण से, जुड़ा सदा नाता।
उन मुनियों के तपश्चरण की, गाऊँ मैं गाथा॥1॥

विराग झरना झर-झर झरता, जिनकी मुद्रा से।
वात्सल्य रस सदा बरसता, जिनकी मुद्रा से॥
जिन मुनिराजों का दर्शन ही, अनुपम सुखदाता।
उन मुनियों के तपश्चरण की , गाऊँ मैं गाथा॥2॥

भरत क्षेत्र में रहने वाले, या विदेह वासी।
ऐरावत में ध्यान लगायें, मुनिवर वनवासी॥
जिन मुनिराजों के सुमरण से, मरण सुधर जाता।
उन मुनियों के तपश्चरण की, गाऊँ मैं गाथा॥3॥

आदिनाथ भगवान विराजे, या अतिवीर चले।
चौबीसों भगवान हमारे, जिनमें हमें मिले॥
जिन मुनिराजों के वचनों में, अमृत झर आता।
उन मुनियों के तपश्चरण की, गाऊँ मैं गाथा॥4॥

तत्त्वबोधमय, चित्तरोधमय, ज्ञान क्रिया कारी।
आत्मशोधमय, शास्त्र बोधमय, अष्ट अंगधारी॥
जिनका ज्ञानाचार सर्वदा, शिवपथ दरशाता।
उन मुनियों के तपश्चरण की, गाऊँ मैं गाथा॥5॥

सम्यग्दर्शन मूल है जिसका, ज्ञान चरित शाखा।
ऐसे अनुपम कल्पवृक्ष ने, छाया में राखा॥
निर्मल सम्यग्दर्शन जिनका, श्रद्धा उपजाता।
उन मुनियों के तपश्चरण की, गाऊँ मैं गाथा॥6॥

पंचम युग में चौथे युग सी, जिनकी मुनिचर्या।
मोक्षमार्ग प्रत्यक्ष बताती, पल-पल की क्रिया॥
दुर्लभ नरभव सफल बनाने, जो चारित-दाता।
उन मुनियों के तपश्चरण की, गाऊँ मैं गाथा॥7॥

दूधतपे तो घी बन जाता, माटी कलश बने।
सोना तपकर शुद्ध कहाता, आतम सिद्ध बने॥
तप संयम से जोड़ लिया है, जिनने निज नाता।
उन मुनियों के तपश्चरण की, गाऊँ मैं गाथा॥8॥

आत्म शक्ति को नहीं छुपाना, निज बल प्रकटाना।
निःशंक निर्भय होकर निजमें, निजगुण उपजाना॥
छेद रहित छोटी नौका सम, बनें पार दाता।
उन मुनियों के तपश्चरण की, गाऊँ मैं गाथा॥9॥

कितना सुन्दर? कहाँ बनाया? अहो तीर्थ न्यारा।
तीर्थंकर का यही तीर्थ है, शिवपुर का द्वारा॥
सम्यक्चारित तीर्थ है जिनका, जो है निर्माता।
उन मुनियों के तपश्चरण की, गाऊँ मैं गाथा॥10॥

पल भर का भी संत समागम, लाता खुशहाली।
मानो रक्षाबन्धन आया, आयी दीवाली॥
तीर्थराज सम्मेद शिखर पर, यश ध्वज फहराता।
उन मुनियों के तपश्चरण की, गाऊँ मैं गाथा॥11॥

ॐ ह्रूं णमो आइरियाणं श्रीमद् आचार्य परमेष्ठी विभवसागर मुनिवरेभ्यो अनर्घ्य पद प्राप्तये जयमाला पूर्णार्घ्यं निर्वपामीति स्वाहा

झुका लिया अपने चरणों में, इन्द्रों का माथा।
उन मुनियों के तपश्चरण की, गाऊँ मैं गाथा॥

इत्याशीर्वादं पुष्पांजलिं क्षिपेत्।

जयपुर - 2012

गुरु पूजन-2

(चौपाई छंद)

परमपूज्य गुरुदेव हमारे, भक्तजनों के तारण हारे।
आओ गुरुवर हृदय हमारे, पूजा करने भक्त पुकारे।।

ॐ ह्रूं णमो आइरियाणं श्रीमद् आचार्य परमेष्ठी मुनिवर! अत्र अवतर-अवतर संवौषट् आह्वाननम्! अत्र तिष्ठ-तिष्ठ ठः ठः स्थापनम्। अत्र मम सन्निहितो भव भव वषट् सन्निधिकरणम्।

निर्मल गंगाजल ले आया, स्वर्ण कलश भर चरण चढ़ाया।
जन्म जरा मृतु रोग नशाऊँ, गुरुवर चरणों शीष झुकाऊँ।।

ॐ ह्रूं णमो आइरियाणं श्रीमद् आचार्य परमेष्ठी मुनिवरेभ्यो जन्म जरा मृत्यु विनाशनाय जलं निर्वपामीति स्वाहा।

चंदन वंदन को ले आया, निज शीतलता पाने आया।
शीतल चंदन चरण चढ़ाऊँ, गुरुवर चरणों शीष झुकाऊँ।।

ॐ ह्रूं णमो आइरियाणं श्रीमद् आचार्य परमेष्ठी मुनिवरेभ्यः संसार ताप विनाशनाय चन्दनम् निर्वपामीति स्वाहा।

अक्षय! अक्षत लेकर आया, अक्षय पद पर मन ललचाया।
भक्ति भाव से चरण चढ़ाऊँ, गुरुवर चरणों शीष झुकाऊँ।।

ॐ ह्रूं णमो आइरियाणं श्रीमद् आचार्य परमेष्ठी मुनिवरेभ्यो अक्षय पद प्राप्तये अक्षतान् निर्वपामीति स्वाहा।

पुष्प सुकोमल लेकर आये, सुमन भाव से सुमन चढ़ाये।
कामदेव पर मैं जय पाऊँ, गुरुवर चरणों शीष झुकाऊँ।।

ॐ ह्रूं णमो आइरियाणं श्रीमद् आचार्य परमेष्ठी मुनिवरेभ्यः कामबाण विनाशनाय पुष्पं निर्वपामीति स्वाहा।

छप्पन भोजन हमें सुहाये, षट्रस व्यंजन थाल सजाये।
जन्म-जन्म की क्षुधा मिटाऊँ, गुरुवर चरणों शीष झुकाऊँ।।

ॐ ह्रूं णमो आइरियाणं श्रीमद् आचार्य परमेष्ठी मुनिवरेभ्यः क्षुधा रोग विनाशनाय नैवेद्यं निर्वपामीति स्वाहा।

कंचन थाली दीप सजाये, आरतियाँ कर मन हरषाये।
मोह तिमिर को दूर भगाऊँ, गुरुवर चरणों शीष झुकाऊँ।।

ॐ ह्रूं णमो आइरियाणं श्रीमद् आचार्य परमेष्ठी मुनिवरेभ्यो मोहांधकार विनाशनाय दीपं निर्वपामीति स्वाहा।

धूप दशांगी लेकर आये, कर्मनाश हों भाव बनाये।
धूप जलाकर कर्म जलाऊँ, गुरुवर चरणों शीष झुकाऊँ।।

ॐ ह्रूं णमो आइरियाणं श्रीमद् आचार्य परमेष्ठी मुनिवरेभ्यो अष्टकर्म दहनाय धूपं निर्वपामीति स्वाहा।

आम सुपाड़ी श्रीफल लाये, विविध फलों के थाल सजाये।
फल अर्पण कर शिवफल पाऊँ, गुरुवर चरणों शीष झुकाऊँ।।

ॐ ह्रूं णमो आइरियाणं श्रीमद् आचार्य परमेष्ठी मुनिवरेभ्यो मोक्षफल प्राप्तये फलं निर्वपामीति स्वाहा।

जल चंदन अक्षत हम लाये, अष्ट द्रव्य का अर्घ्य बनाये।
अनर्घ पद को मैं पा जाऊँ, गुरुवर चरणों शीष झुकाऊँ।।

ॐ ह्रूं णमो आइरियाणं श्रीमद् आचार्य परमेष्ठी मुनिवरेभ्यो अनर्घ्य पद प्राप्तये अर्घ्यं निर्वपामीति स्वाहा।

जयमाला

जयमाला हम गा रहे, गुरु पूजा के साथ।
भक्ति भाव से जोड़कर, अपने दोनों हाथ।। 1।।
दुर्लभ गुरु दर्शन मिलन, दुर्लभ गुरु से ज्ञान।
दुर्लभ से दुर्लभ महा, गुरु से दीक्षा दान।। 2।।
गुरुवर भी भगवान हैं, प्रभुवर भी भगवान।
धरती के भगवान ये, वे नभ के भगवान।। 3।।
श्री गुरुवर के मूलगुण, चेतन मूलाचार।
वचनामृत गुरुदेव के, समयसार का सार।। 4।।

धर्मामृत नित पीजिये, पिला रहे गुरुदेव।
मोक्षमार्ग में जीव को, मिला रहे गुरुदेव।। 5।।
एक वचन गुरुदेव का, जीवन हितकर जान।
विनय भक्ति से कीजिए, ज्ञानामृत रसपान।। 6।।
जैसे कड़वी औषधी, तन के रोग मिटाय।
गुरुवाणी परमौषधी, मन के रोग मिटाय।। 7।।
ज्यों रवि किरणें उग्र भी, कमलों को विकसाँय।
त्यों कठोर गुरु सूक्तियाँ, हृदय कमल विकसाँय।। 8।।
खेवटिया गुरुदेव हैं, नैया पार लगाँय।
भवसागर से पारकर, मोक्षपुरी ले जाँय।। 9।।
माँ जैसी ममता मिली, और पिता सा प्यार।
भाई जैसी भावना, गुरुवर के दरबार।। 10।।
गुरु सूरज गुरु चंद्रमा, गुरु आगम गुरु दीप।
गुरु आज्ञाकारी बनूँ, भव-भव रहूँ, समीप।। 11।।
सेवा का अवसर मिले, मानूँ अपना भाग्य।
डाँट मिले तो मान लूँ, सर्वोत्तम सौभाग्य।। 12।।
शुभाशीष में दीजिए, गुरुवर इतना दान।
कर कमलों से कीजिए, दीक्षा मुझे प्रदान।। 13।।

ॐ ह्रूं णमो आइरियाणं श्रीमद् आचार्य परमेष्ठी मुनिवरेभ्यो अनर्घ्य पद प्राप्तये अर्घ्यं निर्वपामीति स्वाहा।

पहले गुरुवर आपने, किया आत्म कल्याण।
गुरुवाणी दे कीजिए, अखिल विश्व कल्याण ।। 14।।
शुभ संगम दाता कुशल, गुरुवर आप महान।
रत्नत्रय का दो विभव, बनूँ स्वयं भगवान।। 15।।

।। इति आशीर्वाद पुष्पम्।।

शिरडशहापुर - 2006

भजन-1

तुम्हें छोड़कर किसको देखूँ, किसको पाऊँ दुनियाँ में।
चरणों आऊँ, शीश झुकाऊँ, आप अलौकिक दुनियाँ में॥
जिस पल तुमको देखा भगवन्, उस पल जो आनन्द मिला।
मुझको ऐसा लगा कि भगवन्, सिद्ध शिला में जन्म मिला॥
तुम्हें छोड़कर किस दर जाऊँ? तुम्हीं सहारे दुनियाँ में।
चरणों आऊँ, शीश झुकाऊँ, आप अलौकिक दुनियाँ में॥
तुम्हें........॥

वीतरागता झर-झर झरती, क्या तुमको झरना कह दूँ।
वात्सल्य की धारा बहती, क्या तुमको सरिता कह दूँ॥
तेरे पद आनन्द सरोवर, और कहाँ इस दुनियाँ में।
चरणों आऊँ, शीश झुकाऊँ, आप अलौकिक दुनियाँ में॥
तुम्हें........॥

क्या तुमको उपहार चढ़ाऊँ, भव-भव से मैं हार गया।
हृदय हार मैं तुम्हें बनाऊँ, तुमने भव से तार दिया॥
जब-जब मुझको जन्म मिले नव, आप मिले इस दुनियाँ में।
चरणों आऊँ शीश झुकाऊँ, आप अलौकिक दुनियाँ में॥
तुम्हें........॥

वीतराग सर्वज्ञ देव तुम, बैठे हो जिन मंदिर में।
भक्त तुम्हारा तुम्हें पुकारे, आन बसो मन मंदिर में॥
मन मंदिर में आन बसो तो, कहीं न भटकूँ दुनियाँ में।
चरणों आऊँ शीश झुकाऊँ आप अलौकिक दुनियाँ में॥
तुम्हें........॥

नेमगिरि - 2003

भजन-2

भवसागर में दुख न मिलता, तेरी शरण में आता क्यों ?
शरण में आकर सुख न मिलता, तेरी शरण में आता क्यों?
सच कहता हूँ मेरे भगवन्! नहीं प्रेम से आया हूँ ।
विपदाओं ने हमको भेजा, व्यथा सुनाने आया हूँ॥
गर्मी जिसको नहीं सताती, वृक्ष के नीचे जाता क्यों ?
शरण में आकर सुख न मिलता, तेरी शरण में आता क्यों ?
भवसागर में ....॥

तुम तो सुख के सागर भगवन्! दो बूँद मिल जायेंगी।
जाने वाली अंतिम श्वांसें, कुछ पल को रुक जायेंगी॥
नदियों में यदि जल न होता, हंस बैठने आता क्यों ?
शरण में आकर सुख न मिलता, तेरी शरण में आता क्यों ?
भवसागर में ....॥

जो कुछ तुमको सुना रहा हूँ, वह मेरी मजबूरी है।
जो कुछ करना चाहो भगवन्! करना बहुत जरूरी है।
दूध यदि माँ नहीं पिलाये, बच्चा रुदन मचाता क्यों ?
शरण में आकर सुख न मिलता, तेरी शरण में आता क्यों ?
भवसागर में ....॥

भीख नहीं मैं माँग रहा हूँ, नाहीं कोई भिखारी हूँ।
स्वामी सेवक को देता है, मैं तो भक्त पुजारी हूँ॥
जितना नीर लुटाता बादल, उतने ऊपर जाता क्यों ?
शरण में आकर सुख न मिलता, तेरी शरण में आता क्यों ?
भव सागर में दुख न मिलता, तेरी शरण में आता क्यों?
शरण में आकर सुख न मिलता, तेरी शरण में आता क्यों?

रिसोड़ - 2003

भजन-3

पारस रस में रसले रसना, पारस रस अमृत जैसा।
पारस के गुन गाले रसना, बन जाये पारस जैसा॥

नाम है पारस, धाम बनारस, दोनों में रस भरा हुआ।
पारस रस में पगा हुआ मन, वीतरागता भरा हुआ॥
पारस नाम जगत में ऐसा, परम अहिंसा व्रत जैसा।
पारस के गुन गाले रसना, बन जाये पारस जैसा॥
पारस रस..... ॥

जलते हुए नाग-नागिन को, णमोकार का दान दिया।
णमोकार ने नाग युगल को, पद्मावती धरणेन्द्र किया॥
पारस जीवन सफल बनायें, बिन पारस नर मृत जैसा।
पारस के गुन गाले रसना, बन जाये पारस जैसा॥
पारस रस..... ॥

पा रस पा रस पारस कहते, निजघट में पारस पाले।
पारस पाने को हम कहते, अपने मुख पारस गाले॥
मेरा पारस मुझमें बैठा, अरे दूध में घृत जैसा।
पारस के गुन गाले रसना, बन जाये पारस जैसा॥
पारस रस..... ॥

मनोयोग में वचन योग में, काय योग में पारस हो।
ज्ञानयोग में ध्यान योग में, पल-पल पारस-पारस हो॥

लोहा मन कुन्दन हो जाये, परम सत्य अनृत कैसा।
पारस के गुन गाले रसना, बन जाये पारस जैसा॥
पारस रस..... ॥

काशीजी में पारस जय-जय, अहिच्छत्र में पारस जय।
नैनागिर में पारस जय-जय, तीर्थ शिखर जी पारस जय॥
पारस जय ही पारस जप है, पारस जप सुव्रत जैसा।
पारस के गुन गाले रसना, बन जाये पारस जैसा॥
पारस रस..... ॥

पटेरिया जी - 2011

भजन

गुरु ही माता, गुरु पिता है सद्‌गुरु ही भगवान हैं।
गुरु की महिमा गाते जाओ, जब तक घट में प्राण हैं।।

गुरुकृपा से भील पुरुरवा, प्रथम स्वर्ग मे देव बना।
गुरुकृपा से देखो ग्वाला, कुन्दकुन्द स्वयमेव बना।।
सिंहराज भी गुरुवाणी सुना, बना वीर भगवान
गुरु की महिमा गाते जाओ, जब तक घट में प्राण हैं।।

गुरुवाणी सुन एक सियाल ने, रात्रि भोजन त्याग दिया।
गुरुकृपा ने अहो सियाल को स्वर्ग सुखों में भेज दिया।।
इसीलिए तो गुरु की गाथा, गाते वेद पुराण हैं।
गुरु की महिमा गाते जाओ, जब तक घट में प्राण हैं।।

सम्मेदशिखर पर देवगुरु ने, बन्दर को णमोकार दिया।
गुरुमंत्र सुनकरके बन्दर, दिव्य स्वर्ग में देव हुआ।।
जिसके दिल में गुरु विराजे, उस दिल में भगवान हैं।
गुरु की महिमा गाते जाओ, जब तक घट में प्राण हैं।।

गुरुभक्ति से चंद्रगुप्त को, देवों ने आहार दिया।
गुरुभक्ति ने चंदनवाला, दुखिया का उद्धार किया।।
गुरु नहीं जिसके जीवन में, जीवन क्या श्मशान है।
गुरु की महिमा गाते जाओ, जब तक घट में प्राण हैं।।

गुरुकृपा से खदिरसार ने, काग माँस का त्याग किया।
श्रेणिक राजा बनकर उसने, तीर्थंकर का बन्ध किया।।
जिनके पावन चरणा छूकर, धरती तीर्थ समान है।
गुरु की महिमा गाते जाओ, जब तक घट में प्राण हैं।।

ज्ञान ध्यान तप लीन निरन्तर, रत्नत्रय के धारी हैं।
परम दिगंबर मुनी हमारे, पंचमहाव्रत धारी हैं।।
गुरुभक्ति से भक्त जनोंको, मिला 'विभव' वरदान है।
गुरु की महिमा गाते जाओ, जब तक घट में प्राण हैं।।

शिरडशहापुर - 2006

आध्यात्मिक भजन
(शुद्ध चेतन)

शुद्ध चेतन ज्ञान घन तू, नित्य आनंदी सहज।
निर्विकारी ज्ञानधारी, क्यों छुएगी कर्मरज।।

पुदगलों का परिणमन, जीवत्व की पहचान ना।
रूप आकर्षण मनोहर, ये विनिश्वर जानना।।
आत्मा की भावना कर, शुद्ध आतम तत्त्व भज।
निर्विकारी ज्ञानधारी, क्यों छुयेगी कर्मरज।।
शुद्ध चेतन....

तज दिया कर्मों का आना, तज दिया है बन्ध को।
है सदा संवर स्वरूपी, वन्दना निर्बन्ध को।।
रे भेद भाव विभाव तज दे, भेद ज्ञानी की अरज।
निर्विकारी ज्ञानधारी, क्यों छुऐगी कर्मरज।।
शुद्ध चेतन....

हो जरा सी सावधानी, निर्जरा हो जाएगी।
स्वानुभूति तत्त्व की, तुझको रिझाने आयेगी।।
सिद्ध होगा आत्मा जब, उड़ चलेगी कर्मरज।
निर्विकारी ज्ञानधारी, क्यों छुऐगी कर्मरज।।
शुद्ध चेतन....

आत्म-आराधन करे तो, तू स्वयं धनवान है।
तू स्वयं अपना विधाता, तू स्वयं भगवान है।।
शान्त भावों से चुका दे, लिया जो पहले करज।
निर्विकारी ज्ञानधारी, क्यों छुऐगी कर्मरज।।
शुद्ध चेतन....

वानपुर क्षेत्र - 2014

भजन
(निज आत्मा)

निज आत्मा ही सुख सदन, तू आत्मा में हो मगन।
परमात्म पद की प्राप्ति हेतु, आत्मा में हो लगन।।

आत्मा को जानना ही, शुद्धसम्यग्ज्ञान है।
आत्मा की दृढ़ प्रतीति, तत्त्व का श्रद्धान है।।
आत्म चर्या में रमूँ नित, होके अंतर में मगन।
परमात्म पद की प्राप्ति हेतु, आत्मा में हो लगन।।
निज आत्मा...

निज में रमा निज आत्मा ही, स्व समय है जानिए।
पर में रमा परमार्थ भूला, पर समय पहिचानिए।।
है परम परमात्मा तू, शुद्ध निश्चय का कथन।
परमात्म पद की प्राप्ति हेतु, आत्मा में हो लगन।।
निज आत्मा...

शुद्ध को पहचानता जो, शुद्ध को वह पायेगा।
जो अशुद्धि में रमा, वह ही अशुद्धि पायेगा।।
शुद्ध में हूँ, शुद्ध में हूँ, शुद्ध मेरा आचरण।
परमात्म पद की प्राप्ति हेतु, आत्मा में हो लगन।।
निज आत्मा...

व्यवहार नय की दृष्टि हो, तीरथ चलाने के लिए।
किन्तु निश्चय दृष्टि लाओ, तीर्थफल पाने के लिए।।
दोनों नयों को यूँ समझना, जैसे तेरे दो नयन।।
परमात्म पद की प्राप्ति हेतु, आत्मा में हो लगन।।
निज आत्मा...

वानपुर क्षेत्र - 2014

मनहर मुक्तक

जौ लौ जीवन चंद्र तुम्हारा, चम-चम चमक रहा।
तौं लौं अमृतमय किरणें दें, कर लौं धन्य अहा॥
अस्ताचल जाने पर तुम फिर, क्या कर पाओगे।
पुण्य कार्य का ऐसा अवसर, फिर क्या पाओगें॥

आँखों से तो कम देखा है, देखा है श्रद्धान से।
वाणी से तो नहीं पुकारा, तुम्हें पुकारा ध्यान से॥
एक अलौकिक बात निराली, कहता अपने ज्ञान से।
तुम तो गुरुवर हमको लगते, इस युग के भगवान से॥

गुरुवर जब से आये सद्भावना नजर आयी।
जो कभी न देखी सुनी, वह प्रभावना नजर आयी॥
हम तो बदले सारा, जमाना बदल गया।
सारे नगर के अंदर, धर्म साधना नजर आयी॥

सीप के अन्दर मोती का, अरमान छुपा होता है।
दीप के अन्दर ज्योति का, वरदान छुपा होता है॥
गुरु चरणों में आने से, न घबराइए।
गुरु चरणों में शिष्य का, सम्मान छुपा होता है॥

इष्ट प्रार्थना

पूज्य बड़े बाबाजी मेरे, ये वरदान वरो।
हम भक्तों को अपने जैसा, हे भगवान करो॥

भक्त आपके कुण्डलपुर में, कुण्डल से झूमें,
कुण्डलपुर के भव्य जिनालय, लोक शिखर चूमें॥
दर्शन का फल सम्यग्दर्शन, दे अज्ञान हरो।
हम भक्तों को अपने जैसा, हे भगवान करो॥
पूज्य बड़े बाबा ......

परम विशुद्धि वाले भगवन्! आतम शुद्धि दो।
चौंसठ ऋद्धि वाले भगवन्! स्वातम सिद्धि दो॥
ध्यान धरा पर आप विराजे, इतना ध्यान धरो।
हम भक्तों को अपने जैसा, हे भगवान करो॥
पूज्य बड़े बाबा .....

पूज्य केवली श्रीधर स्वामी की वचनावलियाँ,
कुण्डलपुर का कण-कण पावन, जल वृक्षावलियाँ।
संयम पथ पर चलूँ निरन्तर, ऐसा ज्ञान वरो।
हम भक्तों को अपने जैसा, हे भगवान करो॥
पूज्य बड़े बाबा .....

वर्द्धमान सरवर कहता है,झिलमिल-झिलमिल के।
प्रेम भाव हो सब जीवों में, रहना हिलमिल के॥
जैनधर्म है तारणहारा, तारो और तरो।
हम भक्तों को अपने जैसा, हे भगवान करो॥
पूज्य बड़े बाबा .....

बालगीत

सुनो ध्यान से मेरे भगवन्!, विनती यह मेरी।
मुझ बालक पर देव-शास्त्र-गुरु,करुणा हो तेरी॥

अरिहंतों को वंदन करके, सिद्धों को भजता।
जिनवाणी पर श्रद्धा धरके, पापों को तजता॥
मुनिराजों की जैसी मति है, वैसी हो मेरी।
मुझ बालक पर देव शास्त्र गुरु, करुणा हो तेरी॥
सुनो ध्यान.... ॥

मैंने जो-जो पाप किए हों, वह सब माफ करो।
विद्या-बुद्धि विनय समर्पण, मुझमें आप भरो॥
रत्नत्रय का दान मुझे दो, काटो भव फेरी।
मुझ बालक पर देव शास्त्र गुरु, करुणा हो तेरी॥
सुनो ध्यान.... ॥

राग-द्वेष-मद-मोह-लोभ को, हर्ष विषादों को।
हुए कषायों वश जो मुझसे, सभी विवादों को॥
हाथ-जोड़कर उनको त्यागूँ, आकर जिन देरी।
मुझ बालक पर देव शास्त्र गुरु, करुणा हो तेरी॥
सुनो ध्यान.... ॥

क्षमा करूँ में सब जीवों को, सभी क्षमा करना।
नहीं किसी से बैर हमारा, नहीं बैर धरना॥
सब जीवों से मित्र भावना रहे प्रभो मेरी।
मुझ बालक पर देव शास्त्र गुरु, करुणा हो तेरी॥
सुनो ध्यान.... ॥

सम्यग्दर्शन ज्ञान शरण हैं, चारित शरण कही।
महावीर भगवान आपकी, अंतिम शरण गही॥
समवसरण में मुझे बुलाना, बजा-बजा भेरी।
मुझ बालक पर देव शास्त्र गुरु, करुणा हो तेरी॥
सुनो ध्यान.... ॥

याद आपकी जब-जब आती, नाम आपका ले लेता हूँ।
भक्ति प्रेम का नीर बहाकर, अपनी पलकें धो लेता हूँ॥
कब दर्शन सौभाग्य मिलेगा, यही आरजू कर लेता हूँ।
सपनों में दर्शन हो जाते, बीज पुण्य का बो लेता हूँ॥

आत्मोन्नति के चरम लक्ष्य पर, बढ़ते कदम तुम्हारे।
हम सबका सौभाग्य जगाने, मेरे नगर पधारे॥
धन्य हुआ है भाग्य हमारा, चमका भाग्य सितारा है।
ऐसे पावन मुनि संघ को, शत-शत नमन हमारा है॥

गीत

वीर-कथा-सत्संग

व्यथा मिटाये जन्म की, लाये पुण्य प्रसंग।
धन्य धन्य जीवन करें, वीर कथा सत्संग।।

गंगा यमुना में नहा, धुल जाते ज्यों अंग
पाप मैल मन धो रहा, वीर कथा सत्संग।।

ज्यों अनुशासित डोर से, ऊँची उड़े पतंग।
उन्नति पथ सिखला रहा, वीर कथा सत्संग।।

अंतर्मन उज्ज्वल करो, तजकर पाप कुसंग।
बात यही बतला रहा, वीर कथा सत्संग।।

अहो पुरुष पुरुषार्थ कर, लाओ धर्म उमंग।
सीख यही सिखला रहा, वीर कथा सत्संग।।

संत हिरदय में उठ रही, निर्मल भाव तरंग।
सुनलो प्यारे भक्तजन, वीर कथा सत्संग।।

दीपक जगमग-जगमगे, अंधकार हो भंग।
ज्ञान दीप रौशन करें, वीर कथा सत्संग।।

मोक्षमार्ग पर हम चलें, रहे गुरु का संघ।
वीरप्रभु उर में बसें, वीर कथा सत्संग।।

-::-

नागपुर - 2007

आरती-1

विभव सागर जी महाराज आज थारी आरती उतारूँ।
आरती उतारूँ, थारी मूरत निहारूँ......
लखमीचंद की राजदुलारे, गुलाबबाई की आँखों के तारे।
किशनपुरा के ताज, आज थारी.........
दीपावली के दीप जलायें, जन्मोत्सव गुरुभक्त मनायें।
लेकर दीपक थाल, आज थारी........
मोराजी सागर में आये, धर्मज्ञान की शिक्षा पाये।
मिले मुनि महाराज, आज थारी.........
क्षेत्र बरासौं कितना प्यारा, जहाँ आपने मुनिपद धारा।
दीक्षा गुरु विराग, आज थारी........
नगर औरंगाबाद कहाये, पद आचार्य जहाँ पर पाये।
वीर जयंति काज, आज थारी........
भक्त तुम्हारे द्वारे आये, नाचे गायें हर्ष मनायें।
करें आरती आज, आज थारी........

आरती-2

हे गुरुवर तेरे चरणों में, हम वन्दन करने आये हैं।
हम वन्दन करने आये हैं, हम आरती करने आये हैं॥
हे गुरुवर तेरे...

तुम काम, क्रोध, मद, लोभ छोड़, निज आतम को पहिचाना है।
घर, कुटुम्ब छोड़कर निकल पड़े, धर लिया दिगम्बर बाना है॥
हे गुरुवर तेरे... ॥ 1 ॥

छोटी सी आयु में स्वामी, विषयों से मन अकुलाया है।
तप, संयम, शील, साधना में दृढ़ अपने मन को पाया है॥
हे गुरुवर तेरे... ॥ 2 ॥

कितना भीषण संताप पड़े, हो क्षुधा-तृषा की बाधायें।
स्थिर मन से सब सहते हो, बाधाएँ कितनी आ जायें॥
हे गुरुवर तेरे... ॥ 3 ॥

नहीं ब्याह किया घर बार तजा, समता के दीप जलाये हैं।
हे महाव्रती संयमधारी, चरणों में सेवक आये हैं॥
हे गुरुवर तेरे... ॥ 4 ॥

तुम जैन धर्म के सूरज हो, तप-त्याग की अद्भुत मूरत हो।
है धन्य-धन्य महिमा तेरी, तम हरने वाले सूरज हो॥
हे गुरुवर तेरे... ॥ 5 ॥

शिवपुर पथ के अनुगामी का अभिवंदन करने आये हैं।
हे गुरुवर तेरे चरणों में, हम वन्दन करने आये हैं॥

आरती-3

सूरज सा दीप जलाऊँ, चन्दा सा थाल सजाऊँ।
हम सब उतारे तेरी आरती, ओ गुरुवर हम सब...

दीपावली का शुभ दिन देखो, आया है शुभकारी-2
लखमी चन्द्र और गुलाबबाई के, घर जन्में उपकारी-2
झूमे सब धरती अम्बर, पाकर के गुरु दिगम्बर
खुशियाँ मनाई अपरम्पार जी... ओ गुरुवर...

चरणों की धूली पा गुरुवर, भाग्य हमारा जागा-2
शरण तुम्हारी जो भी आया चन्दन बनके लागा-2
भव-भव के पाप मिटाने, जीवन को सफल बनाने
चरणों में आये हैं हम आज जी... ओ गुरुवर...

इस धरती के सूरज तुम हो दे दो हमें उजाला-2
ज्ञान और वैराग्य के वैभव, दो भक्ति का प्याला-2
आरती हम सब गावें चरणों में झुकझुक जावैं
नैया उतारो भव पार जी... ओ गुरुवर...

दर्शन स्तुति

दरस दो नाथ तुम मेरे, दरस की आस लाये हैं।
तरसते हम रहे स्वामी, तरशने आज आये हैं॥

अरे मैं खान का पाहन, तुम्हारी चोट खाऊँगा।
निकालो खोट तुम मेरी, तुम्हारी ओट आऊँगा॥
तुम्हीं शिल्पी हमारे हो, यही विश्वास लाये हैं।
तरसते हम रहे स्वामी, तरशने आज आये हैं॥
दरस दो नाथ तुम मरे....1

तलाशा आपने मुझको, कहाँ मेरा ठिकाना था।
बड़ी वह भूल मेरी थी, प्रभु तुमको ना जाना था॥
तराशो नाथ अब मेरे यही, अरदास लाये हैं।
तरसते हम रहे स्वामी, तरशने आज आये हैं॥
दरस दो नाथ तुम मरे....2

कहीं जाने या अन्जाने, किए हों पाप जो मैंने।
कभी भी भाव जागा हो, कहीं संताप का देने॥
भुला दो भूल वह मेरी, यही अहसास लाये हैं।
तरसते हम रहे स्वामी, तरशने आज आये हैं॥
दरस दो नाथ तुम मरे....3

तुम्हीं माता त्रिलोकों की, पिता तुम हो त्रिकालों के।
समस्या में बना प्रभुवर, तुम्हीं हल हो सवालों के॥
सँवारो भाग्य यह मेरा, चरण में दास आये हैं।
तरसते हम रहे स्वामी, तरशने आज आये हैं॥
दरस दो नाथ तुम मरे....4

पटेरिया जी, 2011

वीर वंदना

जिनके सुमरण से भवज्वाला, शीतल चंदन हो।
त्रिशला नंदन महावीर को, शत्-शत् वंदन हो॥

चन्दन चन्दा चन्द्रमणी से, भी शीतल वाणी।
तीर्थंकर की दिव्य देशना, त्रिभुवन कल्याणी॥
समवसरण के समयसार तुम, स्व संवेदन हो।
त्रिशला नंदन महावीर को, शत्-शत् वंदन हो॥
जिनके.........

नरों-सुरों से नागेन्द्रों से, सौ-सौ इन्द्रों से।
सदाकाल पूजित वन्दित हो, आप मुनीन्द्रों से॥
भक्तिभाव से नमस्कार कर, नित अभिनन्दन हो।
त्रिशला नंदन महावीर को, शत्-शत् वंदन हो॥
जिनके.........

धर्म अहिंसा परमोधर्मः, जितने उच्चारा।
जिओ और जीने दो सबको, सन्देशा प्यारा॥
वर्तमान में वर्द्धमान तुम, पाप निकन्दन हो।
त्रिशला नंदन महावीर को, शत्-शत् वंदन हो॥
जिनके.........

धर्म तीर्थ को करने वाले, तीर्थंकर स्वामी।
सदा रहो सन्मार्ग दिवाकर, नयनों पथगामी॥
चन्दन बाला के प्रभुवर तुम, रक्षा बन्धन हो।
त्रिशला नंदन महावीर को, शत्-शत् वंदन हो॥
जिनके.........

विदिशा, 2017